지구인의 반성문

지구인의 반성문

강이슬 글 · 박지현 그림

ENVIRONMENT

행동하는 지구인의 ESG 인터뷰

SOCIAL

GOVERNANCE

이담북스

보고 듣는 콘텐츠에서 심심치 않게 들려오는 단어가 있다. 바로
'ESG'다. ESG는 'Environment환경', 'Social사회', 'Governance지배
구조'의 약자다. 기업이 얼마나 친환경적이며, 사회적 책임을 다하
고, 지배구조에 있어서 윤리적 독립성과 투명성을 지니고 있는지
평가하는 지표다. 과거 기업이 이윤만 추구했다면, 이제는 제품을
사고파는 것에 있어서 환경을 우선시하고, 사회적으로 공헌하며,
지배구조 개선에 힘쓰는 등 착한 세상을 만들기 위한 행동이 본격
화되었다. 이는 곧 산업의 트렌드가 되었는데 가장 큰 이유는 투자
의 큰손들이 지속가능성에 대한 중요성을 ESG를 기준으로 삼고
선택했기 때문이다.

소비의 큰손인 MZ세대도 ESG 파도에 바람을 더했다. MZ세대는 1980~1990년대에 태어난 밀레니얼세대와 1990년대 중반부터 2000년대 초반에 태어난 Z세대를 포함한다. MZ세대는 디지털 환경에 익숙하고 일방적 정보 주입이 아닌 쌍방향 정보 소통의 시대를 살아가고 있는 세대로 가치 소비에 중점을 둔다. 과거 물건을 살 때 대부분 브랜드, 제품의 기술력, 기능, 가성비에 집중했다면 이들은 다른 시각으로 소비한다. 아무리 브랜드가 유명하고 기능이 뛰어나도 그 기업이 윤리적인 경영을 하고 있는지, 올바르게 제품을 생산하는지, 어떤 철학을 기반으로 하는지 등 그 브랜드의 행동과 스토리에 따라 만족감을 느끼고 선택한다.

한번은 녹화를 앞두고 항상 녹화장에 배치해야 하는 생수병을 놓고 후배가 고민했다. '이게 왜 고민일까?'라는 생각이 들던 찰나 후배는 "값싼 물을 사기보다 폐기처리가 쉬운 이지 라벨의 생수를 고르는 게 더 좋지 않을까요? 그리고 이미 유명 지역의 물보다 낙후된 숨겨진 지역의 생수를 사려고요"라고 했다. 무심코 던진 후배의 말에선 마시는 생수 한 병에도 소비에 대한 신념이 느껴졌다.

MZ세대가 낳은 신조어 중 하나가 '미닝아웃'이다. 신념을 뜻하는 'Mean'과 드러낸다는 의미의 'Coming Out'이 합쳐져 만들어진 단어이다. 소비자 운동의 하나로 자신의 신념이나 의사를 소비 행동에 적극적으로 표현하고 이를 SNS를 통해 공유하기도 한다. 이처럼 자신의 신념과 맞는다면 가격이 조금 비싸더라도 선택한다. 이를 '가심비價心費'라고도 부르는데, 가격 대비 마음의 만족을 추구한다. 이 모든 것을 충족시킨 기업이 사회적으로 옳은 행동을 했을 때 MZ세대는 하나가 되어 '돈쭐 문화소비자가 합심하여 적극적으로 팔아주는 운동'를 만든다. 투자계 큰손들이 ESG의 씨를 뿌리고 있다면 이 열매를 맺고 지속해 거름을 주는 역할은 MZ세대임이 분명하다.

이러한 흐름에 오늘날의 기업들은 너도나도 ESG의 옷을 입었다고 열렬히 외치고 있다. 친환경 배송 서비스를 도입했다는 이커머스 대형 유통 플랫폼부터 종이 통장을 없애고 모든 것을 전자화해 쓰레기를 낳지 않는 은행, 공정무역을 통해 생산된 원두만 사용하는 카페까지 모두 착하게 살겠다고 결심한 듯하다. 사실 이 모든 것이 돈 많은 기업가나 대기업의 이야기로만 그칠 것으로 생각했다. 그리고 개인은 선택하고 소비만 할 뿐 어떤 힘도 갖지 않을 것이라고 여겼다. 하지만 내 삶을 자세히 들여다보니 ESG가 자리 잡고 있었다. 바로 '시간 기부자 캠페인'이다. 이 캠페인은 건강한 나와 환경을 위해 내가 가진 것을 나누고, 이를 통해 타인의 삶에서 선순환되길 바라는 마음에서 시작됐다.

나는 2019년부터 무거운 이불 속에서 빠져나와 해가 뜨는 방향으로 향하고 있다. 63빌딩 허리춤을 볕이 껴안을 때 그 곁을 뛰다 보면 오늘도 잘 살아갈 수 있다는 만족감이 충만해 지금까지 이를 습관화하고 있다. 평소 내가 운영하는 네이버 포스트 채널, SNS를 통해 건강함을 쫓는 사람들에게 질문을 종종 받곤 했는데, 무엇을 나누면 좋을지 생각한 끝에 나의 일상 습관을 공유하기로 했다. 분명히 나의 습관을 궁금해하는 이가 있을 것이라는 작은 믿음으로 나와 함께할 시간 기부자를 찾았다. 캠페인의 목표는 매일 아침 정해진 기상 시간에 함께 일어나 건강한 생활습관을 실천하여 인증하는 것으로, 15일간 캠페인이 끝나면 기부자들의 이름으로 학교 밖 청소년들을 위해 간식을 지원하겠다고 모집공고를 올렸다. 10명 제한을 두었는데 40명이 넘는 지원자의 메시지를 받았고 최종 인원은 15명이 되었다.

해 뜨는 시간에 맞춰 아침 6시에 기상을 하고 함께 새벽 운동을 했다. 그리고 그날 하루 지켜야 할 미션도 제시했다. 개인적으로 건강한 삶을 단단하게 해주었던 공복에 미지근한 물 마시기, 온몸의 근육을 부드럽게 풀어주기 등의 습관을 제안했다. 함께 아침을 열고 저녁엔 수행한 미션을 나누며 즐거운 기억들을 공유했다. 그렇게 15명의 사람들은 자신의 금 같은 시간을 15일간 내게 아낌없이 내어주었다. 그들이 내어준 시간은 값을 매길 수 없지만 학교 밖 청소년들을 케어하는 센터에 간식을 기부하고 기부증서로 보답했다. 경제적 이익이 없었음에도 그 이상으로 행복하고 만족감이 들었다. 첫 시간 기부자 캠페인에 참여했던 사람들의 후기는 더 의미를 두게 했다. 오랜 시간 우울증 약에 의존하던 생활습관에서 벗어나게 된 분부터 더부룩한 소화기관이 개선된 분, 체중 감량에 성공한 분 등 기부라는 단어 안에 모였지만 모두 얻은 것이 더 많았다.

오늘날 MZ세대는 기부도 소비처럼 여긴다. 기부하는 금액과 상관없이 행동하는 만족감 때문이다. 정기적인 후원이 줄어들고 캠페인성 기부 행사들이 많아지는 이유도 여기에 있다. 정기 후원은 기존의 지출을 늘리는 반면, 캠페인성 기부는 직접 참여하고 나눔 활동을 하며 사회를 건강하게 만드는 것뿐만 아니라 개인의 자존감도 단단하게 해준다.

그다음 해 다시 시간 기부자들을 모았다. 이번에는 '그린라이프'를 목적으로 깨끗한 먹을거리, 바를거리를 이용하기로 했다. 아무리 맛있고 좋은 것이어도 내가 소화할 능력을 갖추고 있지 않으면 독이 된다. 먹는 것, 바르는 것, 마음가짐도 마찬가지다. 이번에는 임산부, 결혼을 앞둔 새 신부, 불면증을 앓고 있는 분, 부기가 평생 고민인 분, 규칙적인 삶은 꿈꿔보지 못한 분, 항상 자기관리에 강박을 가지고 있던 아이돌 그룹 가수 등 저마다 자신의 시간을 기부하면서 더 나은 자신을 발견하고자 모였다. 아침에 눈을 뜨면 미지근한 물로 복부를 따뜻하게 데우고 부드럽게 마사지하는 것을 루틴으로, 알레르기를 일으키지 않는 식물성 단백질 음료와 탄수화물, 단백질, 지방이 골고루 배합된 간편식 그리고 채소를 통해 배를 든든히 채웠다. 모든 식단은 식물성을 기반으로 했다.

영국의 식생활 영양조사에 따르면, 식물성 식단을 지킬 경우 하루 온실가스 배출량이 30% 적게 나타났다. 건강식을 섭취하는 것만으로도 온실가스 감소에 따른 지구 보호에 도움을 주는 것이다. 국제학술지 사이언스에 실린 연구에 따르면, 전 세계 온실가스 배출량의 26%가 식품에서 나온다고 한다. 특히 배출의 원인은 모두 동물성 식단이다. 그러면서 식물을 먹는 것이 동물을 보호하고 지구를 위한 행동임을 강조했다. 지구를 이롭게 하는 것 외에도 식물성 기반의 식단을 습관화할 경우 과체중은 물론 현대 질병으로부터도 멀어질 수 있다는 것은 이제는 흔히 알고 있는 정보가 되었다.

한번은 어느 기부자가 수능이 있는 11월이면 바람이 차가워야 하는데 겉옷을 벗을 정도로 너무 덥다고 했다. 이 한 마디에 모두 탄식하며 기후변화를 이유로 꼽았다. 이 기후변화 속에서 우리가 함께 지켜나갈 것을 더 다양하게 공유하고 실천했다. 개인 컵, 텀블러를 사용해 일회용품 사용을 제어하고, 바르거나 씻어내는 것도 비용을 들여 무엇을 더하기보다 기본에 충실했다. 그리고 일상 속에서 평소보다 움직임을 더해 활동량을 늘렸다. 모두가 환경을 위해 실천하며 단단하게 하나가 되어갔다.

매일 아침저녁으로 나와 지구의 건강을 체크하는 자연스러운 그린라이프의 실천에 보답하기 위해 나는 사비로 한 사람 한 사람 이름으로 WWF한국 세계 자연 기금에 소정의 금액을 기부했다. 누군가에게는 작은 기부금일 수 있지만 감사하게도 그들이 가진 책임감은 더 커진 듯했다. 시간 기부자로서 미션을 완벽히 수행한 그들에게 마지막 날에는 작은 기부증서가 보내져 왔다.

"당신은 귀한 시간을 기부하여 식물성 식단, 레스플라스틱&제로웨이스트를 실천하였으며 그 행동을 널리 알려 타인에게 영감을 주었습니다. 시간 기부자로서 개인과 지구를 지키기 위해 노력하였으므로 이 증서를 드립니다."

기부증서가 전달되고 서로 후기를 공유했다. 시간 기부를 자처했던 개인사의 해결법을 찾았다며 모두의 일상이 반짝이고 있음이 느껴졌다. 그리고 입을 모아 말하는 것은 멀기만 했던 그린라이프가 그다지 어렵지 않고, 습관화하면서 자신감이 생겼다는 것이다. 그날은 지구가 함박웃음을 짓고 있지 않았을까. 이 캠페인을 통해서 친환경을 추구하고, 환경을 위해 사회적 책임감을 다하며, 공유하는 ESG 삶이 기업뿐만 아니라 개인의 삶에서도 충분히 찾아볼 수 있다는 것을 깨달았다. 나아가 분명 내 삶을 바꿔놓은 또 다른 지지자, 혹은 제품들이 있을 것이라고 생각해 다시 한번 훑어보기로 했다. 이 책은 ESG를 실천하는 기업 혹은 제품을 통해 친환경을 경험하고, 스스로 되돌아보는 지구인이 되기 위해 시작됐다.

목차

플라스틱 페트병
(올버즈)

탄소 0kcal 신발로 뛰기

탄소 0kcal
신발로 뛰기

　뷰티 업계에 종사해서 좋은 점이라면 매 시즌 신제품이 출시될 때마다 그 제품을 온몸으로 느낄 수 있는 행사장에 갈 수 있다는 것이다. 그날은 해외 유튜버가 론칭한 클린뷰티 브랜드의 행사가 있는 날이었다. 단순히 새로운 브랜드와 제품만 마주하는 것이 아닌 업계 사람들과도 안부를 묻는 게 당연지사라 한껏 힘을 주었다. 가장 아껴 신는 블랙 에나멜 메리제인 슈즈도 꺼내 신고 먼지 한 톨 없이 깨끗하게 표면을 닦아냈다. 손이 지나가는 자리마다 광이 나고 그 위로 들뜬 내 얼굴이 비쳤다. 이 구두를 아끼는 이유는 날이 좋은 날이면 반짝이는 콧등에 구름도 살포시 내려앉아서다. 하늘을 올려다보지 않아도 내 발에 하늘이 닿아있어 눈이 심심하지 않다. 꼭 구름 위를 걷는 기분이다.

오랜만에 갖춰 입은 날 가장 완벽하게 세팅된 이 착장을 잃고 싶지 않아 차를 이용하기로 했다. 행사가 열리는 성수동까지 강변을 따라 달렸다. 어느덧 행사장에 도착했다. 이미 꽤 많은 사람들이 와있었다. 근래 K뷰티 시장에서는 클린뷰티, 비건뷰티의 세상이 왔다. 과거 아름다움을 위해 화장품 생산에서 당연시되었던 동물실험, 화학성분, 향료, 동물성 원료 사용 등을 철저히 배제한 것을 말한다. 원재료에 더 가까워진 클린뷰티 시장은 바르는 것에만 만족하지 않고 담아내는 용기, 사용자의 라이프에도 많은 영향을 주고 있다. 그래서 이런 성격의 행사장에는 뷰티 업계 종사자뿐만 아니라 환경운동가, 그린라이프를 실천하고 있는 인플루언서, 전문가들도 자주 등장한다.

　화려한 행사장 틈에 반가운 목소리가 나를 멈춰 서게 했다. 환경운동가인 지인이었고 주변에 함께 있는 이들은 모두 그린라이프를 추구하는 인사들이었다. 서로 인사를 나눈 후에는 행사장까지 각자의 동선을 공유하기에 바빴다. "강 작가는 어떻게 왔어요?"라는 질문의 요지는 브랜드 초대로 왔느냐는 말이 아니었다. 나를 제외한 모두는 내연기관 자동차가 주행할 때 뿜어내는 탄소배출의 문제를 지적하며 대중교통과 도보를 이용해 이곳을 찾아왔다고 했다. 한 시간 전, 행사장에 간다는 생각에 들떠 겉치레에 치중하며 강변북로 곳곳에 탄소를 뿌리고 온 나 자신이 원망스러웠다. 일상 속 자연스러운 움직임에서 습관부터 변화하며 노력하는 사람들이 이렇게나 많을 줄은 몰랐다. 먹고 바르고 오직 나 자신의 아름다움을 위해서 그린뷰티테이너라는 명칭을 쓰고 있나 덜컥 겁이 났다. 그리고 그날부터 탄소다이어트를 시작했다.

　매일 도로 위를 달리고 있는 자동차 혹은 그 자동차 부품이 만들어지는 모든 과정에서 탄소배출은 늘어나고 지구의 온도는 높아지고 있다. 그래서 가까운 거리는 최대한 걷기 시작했다. 체중 50kg 기준으로 빠른 걷기는 1시간에 225.75kcal를 태운다. 숫자상 작아 보이지만 체지방을 태우는 데 가장 효과적이었다. 이날 이후 휴대폰 건강 데이터 측정의 걸음 수는 항상 만 보를 쉽게 채워가고 있다. 탄소와 함께 체지방도 줄어드는 마법 같은 효과를 누리고 있다고 해도 과언이 아니다.

　이동 수단뿐만 아니라, 입고 신는 것에도 탄소 다이어트를 하기 시작했다. 환경을 병들게 하는 폐기물 중 두 번째로 꼽히는 것이 바로 의류다. 대부분의 기능성 의류, 신발은 플라스틱으로 만들어진다. 이 속에서 올버즈는 오로지 환경을 위한 신발을 만들었다. 식물성 재료로 만들어진 올버즈의 신발은 걸음을 내딛는 순간 편안함이 곧바로 느껴진다. 친환경, 비건 의류는 기능이 부족하다는 말은 옛말이 되었다.

친환경 라이프스타일 브랜드, 올버즈

올버즈는 2016년 국가대표 축구선수 출신 팀 브라운Tim Brown과 신재생에너지 전문가 조이 즈윌링거Joey Zwillinger가 설립했다. 2017년에는 창업 1년 만에 매출액 900억 원을 달성했으며 2018년에는 기업 가치 1조 원 이상을 기록해 전 세계 35개국에 판매하고 있는 유니콘 기업으로 성장했다. 이 모든 것은 단순히 편하고 좋은 신발을 만드는 것이 아닌 무엇으로 어떻게 신발을 만드는가의 지속가능성에 대해 고민한 결과다. 그린라이프에 대한 사고는 경제력도 만든다는 것을 느낄 수 있다. 한편, 환경운동가로 알려진 할리우드 배우 레오나르도 디카프리오Leonardo Dicaprio는 올버즈 신발을 신어 보고 바로 투자를 결정해 이슈 몰이를 한 바 있다. 그는 캠페인 영상에 등장해 다음과 같은 질문을 던졌다.

"물건을 만들면서 환경에 미치는 영향을 알고 있는가?"
"무엇으로 만들어졌는지 생각하고 구매하는가?"

환경
Environment

'친환경 운동화'가 생소할지 모른다. 주기적으로 깎는 양털로 운동화의 안감과 겉감을 만든다. 좁은 면적에서 화학비료 없이 자라는 유칼립투스 나무를 가공해 만든 섬유는 통기성 좋은 여름 신발로 변신한다. 재활용 플라스틱 페트병을 녹여 만든 섬유는 신발 끈이 된다. 고무가 아닌 사탕수수에서 설탕을 정제하고 남은 당밀은 운동화 밑창이 되어 제작 과정에서 90%의 물을 아껴준다. 탄소배출도 일반 생산과정과 비교해 절반 이상 줄어들게 하고 있다. 먹는 음식처럼 신는 신발도 영양 분석표가 존재한다고 말해주는 브랜드가 바로 올버즈다. 모든 제품에 제조부터 폐기까지 이산화탄소 배출 총량을 기록해 공개하는 탄소발자국Carbon Footprint을 부착한다. 식물성 원료로 만들어진 신발이지만 내구성, 기능성도 강하다. 신발은 당연히 합성 소재로 만들어져야 한다는 고정관념에서 벗어나게 해주는 가장 큰 움직임이 아닌가 싶다. 자연이 빚어낸 이 신발은 불편할 것 같지만 신어본 사람은 안다. 가벼움과 편안함을!

S 사회
Social

올버즈는 지속가능성에 대한 고민을 첫 번째로 꼽는다. 이 브랜드는 단순 신발 브랜드가 아닌 재료 회사라고 강조한다. 일반적으로 제품을 생산할 때 80% 이상의 탄소배출이 발생한다. 올버즈는 원자재는 물론 생산 전 과정에서 발생하는 탄소배출을 최소화해 사회적, 환경적, 경제적 생애주기를 확대했다. 또한, 기존 플라스틱을 대체할 수 있는 스위트폼 개발 기술과 수년간 집중투자한 기업의 가치인 탄소발자국 계산 키트를 무료로 제공했다. 100% 친환경 운동화를 만들겠다는 기업의 문화와 가치를 세계적인 흐름으로 바꾸어놓으려는 노력이 엿보인다.

G 지배구조
Governance

2019년, 올버즈는 탄소중립 100%를 예고했다. 또한 '탄소 펀드'를 만들어 스스로 탄소세를 부과하고 있다. 수익 일부는 재생 농업, 풍력 발전, 쓰레기 매립지 배출 가스 감소 등의 프로젝트에 투자하고 있다. 또한, 2021년에는 전 세계 최초로 지속가능성을 인정받으며 기업공개Initial Public Offering로 나스닥 상장을 이루었다. 기존의 IPO 상장 기준을 보완한 세계 최초의 지속가능한 기업공개Sustainability Principles&Objectives Framework, SPO에 중요한 가이드가 되면서 상장을 앞둔 기업들에 새로운 의미를 시사했다.

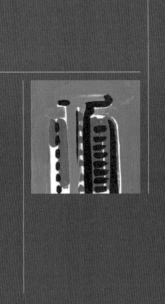

비닐봉지
(현대백화점)

비닐보다 다회용품 잡기

비닐보다
다회용품 잡기

때는 부드러운 바람이 온몸을 어루만져 주는 기분 좋은 봄날이
었다. 봄이라는 존재만으로 일상의 모든 기능은 생기를 얻곤 한다.
식욕도 마찬가지다. 평소 내게 음식은 단순히 허기짐을 채워주는
것이 아니라, 나를 위로하는 방법이 되어주었다. 건강하고 맛있는
음식을 찾아 먹을 때 큰 위로를 받는다. 결국은 식탐이 많다는 뜻
이다. 2인 가족이지만 2~3일 간격으로 그때그때 먹을 만큼 장을
본다. 온라인몰을 이용하는 경우가 더 많지만 재래시장을 이용하
기도 하고 가끔은 백화점으로 향한다.

왜 봄은 돌아서면 허기지게 할까. 마음의 활동량이 많아서 그런
가 했다. 재래시장에 가면 뜨거운 돌판에서 구워지는 김을 적신 들
기름 냄새, 방금 나온 따끈하고 쫀득한 떡, 수증기를 끌어안은 손

만두까지 한 집 가다 서서 구매하니 걸음이 느려진다. 봄을 핑계로 잡히지 않는 식욕을 소비로 채우고 집으로 돌아오는 길이었다. 휴대폰을 들고 다른 사람들의 일상을 익숙하게 엿봤다. 행동하는 환경운동가로 꼽히는 배우 류준열 씨의 게시물이 화제였다. 그는 플라스틱, 봉지 없는 장보기를 실천한 인증 사진을 올렸다. 그 순간 지하철 승강장의 유리문에 비친 내 모습을 마주하기 힘들었다.

어깨에 걸린 에코백이 무색하게 검은 봉지 9개를 들고 위태롭게 서 있었다. 서둘러 9개의 봉지를 분배해 3개로 만들어 집으로 향했다. 집에 돌아와 시장을 쓸어온 봉지를 정리하니 음식을 감쌌던 또 다른 봉지까지 총 13개였다. 구매와 동시에 따라오는 봉지 9장을 만들기 위해서는 자동차로 1km를 운전할 때 드는 에너지와 탄소 배출이 발생한다. 매년 전 세계에서 5,000억 장 이상의 봉지가 만들어지고 있는데, 한 장당 사용시간이 약 25분이라면 완전히 분해되는 시간은 20년에서 1,000년 가까이 걸린다.

몇 해 전부터 동네에 붉은 기둥이 우뚝 섰다. 얼마 지나지 않아 큼직한 몸짓으로 올라오더니 현대백화점이 문을 열었다. 이내 국내 유명 식음료를 다 맛볼 수 있고 신선식품을 파는 곳으로 유명해

지면서 오픈과 동시에 사람들이 줄지어 들어갔다. 입소문 난 식품 코너의 한 커피 매장은 커피 한 잔을 마시기 위해 대기번호 180번을 받는 사람도 있다는 소문도 돌았다. 며칠을 눈치 싸움 끝에 장을 보러 식품코너로 향했다. 동네잔치가 열린 것처럼 사람들로 빈틈이 없었다.

오늘만큼은 불필요한 껍데기가 없는 장보기를 하기 위해 만반의 준비를 하고 나섰다. 이번에는 텀블러와 큼직한 반찬통 그리고 사은품으로 받았던 휴대가 쉬운 장바구니를 가지고 나왔다. 신선한 원두로 입소문이 난 카페에 줄 서 텀블러를 들고 순서를 기다렸다. 고소하고 진한 커피가 담겨 돌아온 텀블러가 꽤 묵직했다. 텀블러와 함께 따라올 영수증은 전자영수증으로 대체했다. 어차피 1, 2초 뒤 버려질 것들이다. 달콤한 디저트도 예쁜 포장을 건너뛰고 가져온 반찬통에 담았다. 뿌리채소들도 투명 비닐이 아닌 통에 담아 달라고 요청했다. 번거로울 것 같았던 껍데기 없는 장보기는 생각보다 잘 되어가고 있었다.

이러한 변화 속에서 더 흥미로운 것은 VIP가 되고 있다는 것이었다. 보통 백화점 VIP 등의 타이틀은 수천만 원 이상의 소비를 해야 얻을 수 있었다면 현대백화점은 달랐다. 이 공간에서 소비할 때 일회용품을 사용하지 않고 다회용기, 텀블러, 에코백 등을 사용하거나 종이가 아닌 전자영수증 발행, 이 외에 친환경을 위한 행동을 했을 때 그린GREEN 등급의 혜택을 받을 수 있다. 그린 등급이 되면 쇼핑 시 5% 상시 혜택과 함께 현대백화점 내 Café-H에서 무료로 음료를 마실 수 있으며 월 4회, 3시간 무료 주차 월 1회를 이용할 수 있다. 또한 이곳에선 리사이클링 캠페인도 진행하고 있는데, 백화점을 소비가 아닌 입던 옷이나 잡화를 기부하기 위해 방문할 수 있다. 기부된 물품은 리사이클링 판매점에서 다시 재판매되며 수익금은 친환경 공익사업에 사용된다.

이 공간은 누구나 친환경 소비를 하도록 만들고 있었다. 무엇보다 선물 포장재 패키지마저 친환경 포장재로 전면 탈바꿈하면서 이곳을 찾는 이들이 의도적으로 환경보호를 위해 행동하지 않아도 자연스럽게 자원 절감이나 환경보호에 동참하도록 했다. 유기농 제품만을 판매하며 친환경을 위해 애쓰고 있다는 판매 공간은 이제 무의미해진 듯하다.

친환경 맞춤형 백화점, 여의도 현대백화점

단순히 친환경 제품을 판매하는 것이 아닌 백화점 운영, 공간, 소비 활동 등 모든 것을 친환경에 맞춰 움직이고 있다. 한국기업지배구조원에서 매년 국내 기업의 ESG 수준을 평가하는데, 2020년에는 A등급을 받았다. 지배구조, 환경, 사회 모범규준이 제시한 지속가능경영 체계를 적절히 갖추고 있으며, 비재무적 리스크로 인한 주주가치 훼손의 여지가 적다는 평가를 받아서다. 또한, 2020년 유엔 지속가능개발목표 협회가 발표한 '2020 유엔 지속가능개발목표 경영지수SDGBI'를 보면, 글로벌 지수 '최우수 그룹'으로 꼽히기도 했다.

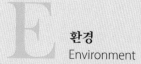

환경
Environment

여의도 현대백화점은 '자연 친화형 미래 백화점'이라는 점을 내세우고 있다. 방문자들이 자연을 느낄 수 있게끔 공간의 절반가량에 실내 정원, 인공폭포 등을 들여 자연 친화적 인테리어로 꾸며놓았다. 그동안 백화점 내부를 밝히는 것이 실내조명의 역할이었다면 자연 채광을 느낄 수 있도록 설계되어 햇빛이 실내조명의 역할을 대신한다. 자연 친화적인 분위기에 휴식할 수 있는 공간도 확대했다. 무엇보다 백화점의 대목이라면 명절, 기념일을 빼놓을 수 없는데 대부분 불필요한 과대 포장재로 천, 플라스틱 등이 쓰이곤 한다. 과일, 와인 선물세트부터 변화를 주기 시작해 선물세트 패키지를 모두 재활용이 가능한 종이로 교체해 나가고 있다.

S 사회
Social

'365 리사이클 캠페인'이라는 친환경 캠페인을 다양한 방법으로써 지속적으로 펼치는 중이다. 단기에 끝나는 행사가 아닌 언제나 열려있는 것이 특징으로 소비자들에게 여러 친환경 활동을 제안한다. 음식 포장 시 일회용품이 아닌 다회용품을 사용하도록 하거나, 제품 구매 시 전자영수증과 친환경 장바구니를 이용하도록 권하고 있다. 집에서 사용하지 않는 용기, 쓰지 않는 휴대폰, 버려질 의류 등을 가져오면 리사이클링 될 수 있게 도움을 주기도 하며, 텀블러를 사용하면 백화점 내 무료 음료 라운지를 이용할 수 있도록 했다. 이 캠페인은 단순히 유기농, 저탄소 제품을 구매하는 것은 환경애호가의 탈만 썼을 뿐이라고 경고하듯 완성된 친환경 소비를 제안하며 사람들을 행동하도록 만들고 있다. 변화하는 행동에서 친환경 소비로 이루어져 생기는 수익금은 봉사단체의 기부로 이어진다.

G 지배구조
Governance

주주, 이사회, 직원, 이해관계자 등 회사 경영권의 변동을 초래하는 행위가 있다면 투명하고 공정한 절차에 이루어질 것을 목적으로 하고 있고, 관련 사항을 모두 공시하여 보고하는 것을 규칙으로 하고 있다.

화장품
(톤28)

플라스틱 용기와 절교하기

화학성분 피하기

세정제는 제로웨이스트

플라스틱 용기와
절교하기

방송작가 생활 15년 중 거의 절반은 뷰티로 채웠다. 뷰티로 전문분야를 정하기 전에는 예능, 버라이어티 등 장르를 가리지 않고 "무엇이든 물어보세요! 난 다 할 줄 알아요!"라고 외치는 것이 프리랜서로 살아가는 데 있어 더 많은 이에게 선택받는 힘이라고 여겼다. 하지만 잡학 다식한 것보다 집요하게 한 우물만 파는 사람이 끝까지 살아남는다는 것을 7년 차 때쯤 깨달은 것 같다. 내가 제일 좋아하는 것, 관심 있는 것을 곁에 두고 살고 싶었다. 유명 유튜버 이사배처럼 수준급의 메이크업을 하거나 혹은 지인인 톱 모델 송해나처럼 유행보다 앞서 입진 못한다. 하지만 늘 '조금은 나아 보이는 법'에 관심이 있었고 아름다움과 관련된 것을 보면 지구상 가장 빛나는 창조물과 조우한 기분이 들었다. 그렇게 뷰티와 관련된 프로그램에 입문했고 메인 작가로 입봉하게 된 작품에 이어서 직접 제작에 나선 작품도 모두 뷰티 분야였다.

국내 뷰티 시장 일명 K뷰티는 레드오션이라 불린다. 하지만 이에 대한 도전은 멈춤이 없다. 2021년 식품의약품안전처에 따르면 지난 2012년 7조 1,000억 원이던 국내 코스메틱 시장 규모는 매년 성장을 거듭해 2019년 16조 3,000억 원으로 2배 이상 늘어났고 매일 새로운 제품이 탄생하고 있다. 그 덕에 콘텐츠로 제공되길 원하며 제품을 보내오는 브랜드의 수는 점점 많아졌다. 집 앞에 쌓여있는 택배와 드럭스토어를 방불케 하는 화장대가 이를 대변했다. 유난히 우리나라 여성들은 화장품에 시간과 돈을 아끼지 않는다. 한 조사에서 한국 여자 1인당 아침 기준으로 바르는 화장품의 개수는 기본 5개 이상이라고 발표한 바 있다. 그리고 이미 가진 제품 라인이라도 추가로 구매하는 등 소비는 계속되고 있다. 립스틱만 하더라도 '하늘 아래 같은 핑크는 없다'라는 말로 수많은 핑크 계열의 립스틱을 사고 있지 않은가!

하루는 만원 버스보다 꽉 찬 화장대를 정리하기로 마음먹었다. 플라스틱이 만들어낸 긴병 모양부터 튜브 형태까지 화장품을 담은 용기의 모습은 다양하다. 용기 하단에는 자신이 쓰일 수 있는 날짜가 적혀있다. 새로운 것에 계속 밀리고 밀려 유통기한을 훌쩍 넘겨 버린 것이 반에 달했다. 몇 가지는 가위로 잘라 분리해 버리고 몇 가지는 내용물을 도저히 닦아낼 수 없게 패키지가 만들어져서 쓰레기통에 그대로 버려야만 했다. 얼굴에 바르는 것을 위생적으로 관리해야 한다는 생각에 공기와 마찰이 적게 만들 요량인지 대부분 올바르게 분리배출이 되고 있는 화장품 용기는 없을 듯하다. 특히 자신의 공간에 대한 시야도 넓어지면서 사람들은 화장대 위의 제품도 자신의 한 액세서리로 받아들이고 있다. 내용물보다 겉모습에 소비가 치중되면서 화장품 업계는 너도나도 과대포장의 옷을 더 크게 입고 있는 게 현실이다.

항상 습관처럼 뷰티에 관련된 새로운 콘텐츠를 훑어본다. 4년 전, 내 마음을 이끈 광고가 하나 있었다. 누군가의 집에 신선한 우유가 배달되는 것처럼 28일에 한 번 '신선하고 당신만을 위한 바를거리'라는 이름으로 화장품이 배달되는 장면이다. 그리고 그 화장품은 익숙한 플라스틱이 아닌 종이에 담겨있었다. 이후 이어지는 "Before&After를 보고 화장품을 구매하는 분들은 보지 않으셔도 좋습니다"라는 광고 문구는 더 빠져들게 했다.

수많은 뷰티 제품을 소개하기에 앞서 테스트할 때 콘텐츠 제작자로서 원하는 것은 즉각적인 변화이다. 바르는 즉시 얼굴이 하얗게 되고, 피부 결에 광이 도는 것 등 이를 갖춰야만 보는 시청자를 오래 잡아둘 수 있었다. 하지만 실제 피부에 테스트했을 때 즉각적인 반응을 가져오는 것은 화학성분이 극에 달했고 피부 스트레스는 참담했다. 그래도 이 업계는 끊임없이 바르기 전과 후를 무기로 삼았다. 늘 같은 행동 패턴을 보이는 뷰티 업계에 새로운 이단아가 등장했다. 오히려 전과 후를 원한다면 보지 않아도 된다고 목소리를 낸 것이다. 진정한 아름다움을 원하는 사람이라면 즉각적인 반응을 일으키는 화학성분보다 느리지만 정직한 성분이 필요하다는 것을 이미 알고 있지 않느냐고 되묻는다. 또한, 7가지에 달하는 기초 제품은 제형만 다를 뿐 같은 성분을 띠고 있으니 한 가지만 바르라고 강조한다.

이를 만든 사람들이 너무나 궁금했다. 그날부터 톤28을 찾기 위해 모든 지인을 총동원해 수소문했다. 누구에게서도 정보를 얻을 수 없었고 짝사랑하듯 멀리서 그들의 행보들을 찾아보기 시작했다. 그렇게 3개월을 추적하던 중, 강남의 한 드럭스토어에서 톤28의 행사가 있다는 사실을 알게 되었다. 서둘러 찾아가 명함부터 내

밀었다. 무조건 만나야 한다는 생각만 가득했다. 우여곡절 끝에 톤 28의 수장들과 약속을 잡았다. 그들이 있는 판교로 향하는 길이 지금까지 진한 여운으로 남아있는 이유는 내 뷰티 가치관을 더 넓혀준 역사적인 날이어서다. 들뜬 마음은 입은 옷에서까지 나타났다. '자연스럽다'라는 말이 어울리는 톤28에 맞게 그 날은 초록 나뭇잎이 그려진 흰 원피스를 입었다.

보통은 인터뷰, 콘텐츠 제작의 이유 등 비즈니스를 목적으로 미팅을 요청할 텐데 나는 조금 달랐다. "이 브랜드를 어떤 사람들이 만들었는지 너무 궁금해서 수단과 방법을 가리지 않고 여기까지 오게 되었어요"라는 나의 첫인사가 미팅 특유의 딱딱한 기운을 깼다. 2시간 이상 한자리에 앉아 톤28의 시작과 현재를 들을 수 있었다. 지루할 틈 없이 헤어짐이 아쉬울 정도였다. '이런 세상이 왔으면 좋겠다'라고 홀로 세운 뷰티 유토피아가 현실이 되는 곳이었기 때문이다.

그들은 화장품이 만들어질 때 용기에 90%, 성분에는 10%를 투자하는 일반적인 행태를 바꾸고 싶었다고 했다. 겉치레에 치중하는 것이 아닌 온전히 격이 다른 성분에만 집중하는 것이다. 플라스틱 용기의 가격도 문제지만 사용 후 폐기처리가 낳는 문제점을 보게 되어서다. 실제 재활용 업체에서 민폐를 담당하고 있는 것이 '화장품 용기'다. 내용물 때문에 재활용이 어렵고 조금이라도 내용물이 남아있으면 세척, 압축하는 과정에서 다른 재활용품까지 오염시키는 문제를 일으킨다.

용기뿐만 아니라 용기에 붙어있는 라벨도 문제다. 라벨은 플라스틱인 전면 접착제를 사용하는데 강한 접착제를 사용하다 보니 실제 소비자가 분리배출 시 라벨을 떼어내고 싶어도 실패하는 경우가 다수다. 또 용기의 플라스틱을 부드럽게 만들기 위해 프탈레이트라는 화학물질을 첨가하게 되는데 이는 많은 부작용의 원인이된다. 이 화학물질이 신체에 들어오면 내분비계를 교란하는 환경호르몬으로 작용하여 과도하게 노출될 시 불임과 성조숙증을 유발해 비만, 당뇨, 산후우울증, 아동의 자폐, 주의력결핍 장애 등을 일으킬 수 있다. 실제 레오나르도 트라산드 박사의 연구에 따르면 프탈레이트로 인해 죽음을 맞이하는 사람이 미국에서만 연간 10만 명에 이를 것으로 추산했다. 이로 인해 발생하는 의료 비용과 생산성 손실은 470억 달러에 달한다고 발표하며 플라스틱 사용을 줄일 것을 경고했다.

이러한 문제점에 집중한 톤28은 액상 성분을 담아낼 종이패키지를 세계 최초로 개발했다. 오직 플라스틱 사용량을 줄이기 위한 개발이었다. 이 과정은 오랜 시간이 걸렸고 500번 이상의 테스트에서 실패와 도전 끝에 한국 환경 공단 인증 종이패키지를 개발하게 되었다. 처음 종이패키지를 손에 들었을 때가 기억난다. 나무색을 띤 종이패키지는 일반 용기에 몇 배는 가벼웠다. 계속해서 액상 내용물을 뱉어내야 하는 입구 부분은 어쩔 수 없이 플라스틱을 선택해야만 했다. 하지만 100% 플라스틱에서 90%의 레스플라스틱을 실천한 발명품이다. 머리는 알루미늄 캡으로 다양한 컬러가 멋을 더한다. 친환경적이라고 해서 촌스러운 것이 아니라 나의 손이 닿을수록 종이가 닳아가는 과정과 함께 용기 목 부분에 폐기물로 처리될 뻔한 자투리 가죽에 이니셜을 넣어 걸어줘 '내 것'이라는 존재감을 더 빛낸다. 종이패키지는 다 사용할 때 알루미늄 캡은 알루미늄으로 분리해 버리고 토출 부분의 스파우트 부분만 가위로 오려내어 플라스틱으로 분리해주면 된다. 잘라낸 후에는 그 안에 남은 화장품도 쉽게 씻어내 분리배출이 가능하다.

환경을 생각하는 이들의 행동은 2021년 8월 23일 UN SDGs 협회로부터 파트너십 특별상을 받는 결과로 돌아왔다. 국내 뷰티 기업으로는 톤28이 유일하게 이름을 올렸다. 종이패키지를 통해 레스플라스틱 사용량을 끊임없이 줄여가고 있기 때문이다. 2021년 12월 기준으로 톤28이 줄인 플라스틱병 수는 50만 7,781개에 달한다. 그들은 자신들이 만든 이 문화를 함께 실천하고 있는 사용자들에게도 보이는 모든 곳에서 데이터로 증명하며 자부심을 부여하고 있다.

이들은 처음 종이패키지를 들고 뷰티 업계에 나왔을 때 칭찬보다 비난을 더 많이 받았다고 한다. 당시 사용하는 것이 불편하고 불필요한 행동이라고 치부되었기 때문이다. 하지만 이 시작은 꽤 많은 반전을 일으켰고, 뷰티 업계 대부분 너도나도 친환경 패키지를 따르고 있다. 버려지는 종이를 활용한 재생펄프를 혼합해 만드는가 하면 폐플라스틱을 다시 이용한다. 나아가 리필이 가능해지면서 용기 하나를 가지고 필요할 때마다 제품을 덜어 쓰는 방식으로 재사용을 촉진하는 것도 문화로 형성되고 있다. 종이패키지를 비웃던 이들도 변화할 수밖에 없는 것은 소비자의 지갑이 착한 기업에 열리고 있기 때문이다.

이제는 단순 겉치레의 아름다움이 아닌 환경을 포함한 아름다움을 갈구한다. 편리하고, 한 방울의 낭비도 존재하지 않으며, 재사용이 가능한 요소까지 담고 있다면 가격대와 상관없이 누구든 지갑을 여는 시대가 왔다. 뷰티의 이단아로 등장했던 톤28의 종이패키지는 이제 친환경 화장품의 전통파로 자리매김하고 있다. 레스 플라스틱의 선두주자의 행보는 단순 종이패키지에서 그치지 않고 끊임없이 연구 중이다.

화학성분
피하기

    고요한 밤, 벅벅 소리가 침묵을 깬다. 그리고 찢어질 듯한 소리를 토해내며 이불을 박차고 일어난다. 온몸을 긁어대는 나를 안고 엄마의 두 손이 피가 맺힌 피부 위를 두들긴다. 유년시절 계절이 바뀔 때 흔한 나의 수면 습관이다. 접히는 부위와 얼굴은 끊임없이 가려웠고 견디고 견디다 못해 살이 찢어질 때까지 긁었다. 먹는 것, 바르는 것도 몸에 좋다는 건 모두 해보았지만 결국 부작용을 안고 스테로이드제를 달고 살았다. 이후 피부는 더 얇아졌고 지금까지 과도한 화학성분이 닿으면 곧장 얼굴은 반응을 일으킨다. 아무리 좋은 수입명품 화장품을 선물 받아도 끝까지 써보지 못하는 것이 억울하기도 했다. 지독한 스테로이드 사용은 내게 두꺼운 살가죽과 거무스름한 피부톤을 도장 찍듯 남겼다.

시간이 지나고 다행히도 지금은 정말 피곤하지 않은 날을 제외하면 아토피와는 이별한 듯하다. 이를 벗어나게 해준 것은 값비싼 약도, 바르는 화장품도 아니었다. 평소 피부가 마를 틈 없이 물을 많이 마셔 수분을 보충했다. 과도하게 넘치는 성분을 가진 보습제는 피하고 운동을 통해 땀을 많이 흘려냈다. 누구나 아토피, 극건성을 가진 사람들에게 제안하는 습관이지만 저게 통할지 의문을 가지게 한다. 하지만 오랜 시간을 두고 본 결과, 그 어떠한 방법보다 신선한 물을 많이 마시고 기교가 없는 정직한 성분을 꾸준히 밥 먹듯 바르는 것이 나를 외부로부터 지켜주었다.

하지만 한 가지 풀리지 않는 고민도 남겨주었는데, 분명 내게 잘 맞았던 화장품도 계절이 바뀔 때마다 가려움증, 붉어지는 증상 등의 트러블을 일으켜 어떤 것에도 정착할 수 없게 만들었다. 많은 뷰티 프로그램에선 계절이 바뀔 때마다 그 시기에 걸맞은 제형, 성분을 소개하고 있다. 그만큼 피부가 가장 예민한 것은 환경이다. 그 정보를 누구보다 잘 알고 전달하는 나지만, 정작 내 피부에 대해서는 잘 몰랐던 것 같다.

톤28은 피부가 변하는 28일 주기로 맞춤형 화장품을 제조해 정기배송하고 있다. 톤28 행사에 찾아가 가장 먼저 했던 것은 손에 담긴 작은 측정기로 피부 데이터를 체크하는 일이었다. 측정을 통해 사용자의 피부 특성, 생활 패턴을 파악하고 여기에 기후와 같은 여러 외부 데이터를 활용해 최상의 바를거리를 제조한다. 또한, 이 데이터를 딥러닝Deep Learning 기법 중 하나인 장단기 메모리Long Short-Term Memory, LSTM로 분석해 가장 적합한 값을 얻어 소비자가 다음 달에 받을 바를거리를 구상해 내일의 화장품을 산출한다. 매일 바뀌는 피부를 증명하는 것은 피부 데이터로 수분도를 살펴보면 알 수 있다. 그들에 의하면 2월의 평균 수분도가 1.6이라면 한여름 8월에는 8.2, 4월에는 5.6을 기록했다고 한다. 피부가 살아있는 세포이기 때문에 누군가 고정값을 정해둔 것에 맞춰지는 것이 아니라 기후에 따라 달라져야 한다는 것이다.

온도뿐만 아니라 습도도 중요하다. 그리고 이 안에 있는 자외선도 배제할 순 없다. 결국 건강한 피부를 위해선 온도, 환경은 필수적으로 고려해야 한다. 이와 관련해 흥미로운 이야기도 들을 수 있었다. 보통 뷰티 업계에서는 여름철의 핵심 상품군으로 자외선차단제를 내민다. 하지만 톤28의 데이터에 따르면 자외선차단제는 12월 겨울철에 더 필요하다고 말한다. 12월 야외운동을 즐긴 사람들의 색소 질환을 유발하는 데이터 값이 여름보다 더 증가했기 때문이다. 참여자들의 피부 데이터와 120개국 기후 데이터를 분석해 매달 새로운 맞춤형 화장품을 제공하는 톤28의 누적 숫자는 어마어마하다. 2017년 창립한 후 2021년 12월 기준 누적 측정자 수는 대략 4만 1,000명에 달한다. 피부측정을 마친 후 그 데이터를 기반으로 내 피부가 필요로 하는 영양성분을 과학적으로 분석하여 매달 변경하여 바르다 보니 얼굴의 아토피는 쉽게 만나보기 힘들어졌다.

그들이 강조하는 또 하나는 '격이 다른 성분'이다. 톤28은 OEM 업체에 제작을 맡기지 않고 직접 만든다. 화장품 연구원 출신 정마리아 대표는 어느 한 인터뷰에서 직업이 곧 생활이 되어 무르익은 달인들이 나오는 프로그램을 보면 맛집을 빼놓을 수 없는데, 그들의 공통점은 긴 시간이 걸려도 어떤 것에도 타협하지 않고 신선한 재료로 진정한 레시피를 완성하는 것이라고 했다. 그 정성이 만든 결과물을 입증하듯 사람들은 줄지어 기다리고 화장품도 그렇게 만들어져야 한다고 덧붙였다. 톤28의 바를거리 연구소는 계면활성제, 화학방부제, 합성유화제 등은 사용하지 않는다. 오로지 공인받은 천연성분만 사용한다. 일반성분보다 비싸고 사용하는 것도 불편하지만 자연이나 사람에게 훨씬 유익하다고 믿고 있다.

또한, 남해에 톤28 농장이 있어 화장품 원물 재배를 진행하고 있다. 이러한 노력으로 '유기농 제조 시설 입증'이라는 타이틀을 얻게 됐다. 이러한 제조 시, 서로가 고집하는 성분으로 단연 비건이 따라온다. 바르는 비건은 '必'이 되고 있다. 그간 인간이 아름다움을 위해 사용하던 화장품의 안정성을 실험하는데 수많은 동물들의 희생이 당연하게 따랐다. 토끼의 눈에 화학물질을 강제로 투입하거나, 털을 밀고 화학물질을 묻혀 고정하는 실험, 생쥐를 고정해코에 화학 향료 흡입하게 하는 등 인간의 잔인성은 상당했다. 실험뿐만 아니라 아름다워질 수 있다면 동물을 원료화하여 바르는 것도 마다하지 않았다. 비건 화장품은 철저하게 동물실험과 동물성 원료를 금지한다. 톤28의 제품은 까다롭기로 소문난 영국 비건소사이어티의 인증을 모두 마쳤다.

그들은 사업의 지속가능성을 어디에 두고 있는가에 대한 질문에 단연 '비건'이라고 꼽았다. 카본풋프린트의 통계를 보면 한국인한 명이 뷰티 케어로 배출하는 탄소는 연 200kg이며, 이는 1그루의 나무가 40년 동안 흡수해야 하는 양이라고 한다. 플라스틱 용기

사용으로 인한 생산부터의 탄소배출도 있지만 성분이 만들어지는 농가도 배제할 수 없다. 탄소흡수원은 나무뿐만 아니라 토양을 무시할 수 없다. 건강한 땅이 이산화탄소를 머금고 중화시키며 분리하는 중요한 역할을 한다. 하지만 대량 생산을 위해 쓰이는 화학비료는 이 모든 생태계를 파괴한다. 톤28은 모든 원재료를 윤리적인 방법으로 재배하는 농가와만 거래한다. 본인들의 농장도 무농약을 원칙으로 하고 있다. 최근 무화과뿐만 아니라 여러살이해 풀인 병풀을 심어 원료화하고 상품화를 하고 있다. 단 하나의 화학성분을 쓰지 않는 것, 재배부터 생산까지 행동하는 그들은 K뷰티의 중심에서 중요한 시도를 하고 있다. 자연을 위주로 한 생산방식이지만 실제 이를 사용하는 사람에게도 이롭다.

농가에도 활기를 더한다. 전체 생산 라인의 원료를 스스로 재배할 수 없기 때문에 농가와 적극적으로 협력한다. 기후변화로 농작물을 키우면서 변수가 많아진 현실에서 유망작목으로 꼽히는 병풀 재배는 농업인의 자립과 경영회복, 지속적인 소득창출이 가능하다. 비건의 목적이 가져온 지속가능성은 다양한 분야에 생명력 강한 뿌리를 내리고 있다. 화장품의 흡수력을 돕는 화학성분을 배제한 이들의 제품은 처음에 쓰면 종이패키지만큼 낯설다. 바르는 순간 흡수되기보다 겉돈다고 느껴질 수도 있다. 하지만 불필요한 것을 뺀 그 원료 자체를 올바르게 쓰는 방법을 익히게 된다. 흡수를 유도하고 점성을 높여주는 화학성분이 없어 흡수가 오래 걸리지만 그 시간 동안 두들겨 흡수하고 부드럽게 마사지하며 피부의 컨디션을 더 좋게 한다. 평소처럼 5개 이상의 제품을 여러 번 덧바르지 않아도 단 하나의 제품만으로도 무너지지 않는 보습층을 유지해준다. 단지 단계와 성분이 줄어들었을 뿐인데, 지갑의 무게도 피부의 스트레스도 감소했다.

세정제는
제로웨이스트

밤이 긴 숨을 내쉴 때 'ACT FOR CHANGE' 문구가 담긴 대형 가방을 들고 집을 나섰다. 한강으로 향하는 동안 쓰레기가 보이면 숙여 앉아 가방에 주워 담았다. 한강 어귀에 가까워지면 풀숲 틈에 박힌 쓰레기들이 더 많아진다. 허리를 굽히고 팔을 뻗어 그것들을 끄집어내기 위해 안간힘을 썼다. 정신없이 쓰레기를 줍고 나면 어둠은 흩어지고 그 사이로 붉은 해가 떠 있다. 해가 뜨는 방향으로 다가가면 점차 붉은 볕이 온몸을 적신다. 나는 몇 년째 이를 일출 샤워라고 부르고 있다. 그냥 뛰기만 했던 이 과정에 쓰레기 줍는 행위를 더하니 거친 숨을 몰아낼 휴식도 절로 주어졌다. 일출에 맞춰 산이든 강이든 내 발길이 닿는 곳에서 늘 쓰레기를 줍고 있다. 그렇게 아침볕에 충분히 젖어 들며 주변도 깨끗이 치우는 시간은 나와 환경 모두 딥클렌징하고 있다고 느껴진다.

톤28의 대표들과 마주했을 때 가장 함께하고 싶던 것이 바로 플로깅이었다. 플로깅이란 조깅을 하면서 동시에 쓰레기를 줍는 운동이다. 이 생각을 하게 된 건 우연히 러닝 행사에 참여해 여러 사람들과 함께 광화문 일대를 뛰며 쓰레기를 주운 일화 때문이었다. 당시에는 신선한 캠페인 중 하나로 저물어가나 싶었는데 환경에 대한 여론이 집중되자 이후 점차 문화로 자리 잡으며 국립국어원은 2019년 '플로깅'을 대체하는 단어로 '쓰담달리기'라는 우리말을 공식 선정했다.

2020년 귀빠진 날, 나의 생일을 의미 있게 채워보고 싶었다. 톤28 바를거리가 배송되는 봉투를 모아두었다가 한강으로 들고 나가 이 안을 쓰레기로 가득 채워 SNS에 인증했다. 나의 작은 행동은 톤28이라는 이름으로 더 큰 행동이 되었다. 2020년 12월 '톤28 플로깅 키트'가 만들어졌기 때문이다. 톤28은 플로깅을 위한 쓰레기 담는 가방, 티셔츠, 손 소독제를 제작하는 등 친환경 행동을 하게끔 모든 지원을 아끼지 않았다. 혼자보다 둘이 낫고 여럿이 되니 그 파급력은 어마어마했다. 수천 명의 사람들이 플로깅의 일원이 되어 행동했고 인스타그램에서 해시태그 '#플로깅'은 당시 몇천 건을 기록하며 파도치듯 확산해 나갔다.

플로깅 문화가 거대해지며 따라온 단어가 '제로웨이스트'다. 단순히 쓰레기를 줍는 것 외에 톤28은 씻을거리로부터 쓰레기를 낳지 않음에도 집중했다. 유엔환경계획UNEP이 발표한 'Plastic in cosmetics: Are We Polluting the Environment Through Our Personal Care? 화장품 속 플라스틱: 우리는 개인적인 관리를 통해 환경을 오염시키고 있는가?' 보고서를 보면 아이섀도, 클렌저, 치약 등이 지구환경을 망치는 주범이라고 했다. 최근 플라스틱 성분은 50년 동안 화장품을 비롯한 생활용품에 널리 사용되고 있다. UNEP은 각종 생활용품에 포함된 극미립자 플라스틱 성분은 너무 미세해 물에 헹궈 씻을 때 자연스럽게 자연으로 흡수되어 생태계 파괴의 큰 원인이 된다고 설명한다. 극미립자 성분은 다양한 제품군에서 적게는 1%부터 많게는 90% 이상이 섞여 있다. 이로 인한 해양생태계 파괴는 연간 130억 달러의 비용을 발생시키며, 이들이 바다로 흘러 들어갈 경우 분해되는데 수백 년의 시간이 필요하다.

과거 내가 제작하는 뷰티 프로그램 중 '샴푸 편'을 기획할 때의 일이다. 출연자 및 제작진을 대상으로 평소 샴푸 제품 몇 개를 사용하는지 물었는데, 대부분 2~3개 브랜드의 샴푸를 가지고 있었다. 이유는 제각각이었다. "할인해서 여러 개를 샀어요", "매일 다른 향을 느끼고 싶어 여러 개를 써요", "두피 컨디션에 따라 선택해서 사용하려고 여러 제품을 구매했어요" 등 남성들조차도 한 가지 샴푸를 쓰는 사람은 없었다. 샴푸를 하는 법은 다들 비슷할 거다. 플라스틱 펌핑 용기를 여러 번 눌러 내용물을 받아 두피에 풍성한 거품을 내어 헹구는 것이다. 대부분의 사람들은 거품이 많고 향이 강할수록 세정력이 강하다고 믿는다. 이 펌핑 용기는 샴푸뿐만 아니라 보디워시, 페이스 클렌저에도 쓰인다. 이들 제품에 있는 플라스틱 펌프는 안에 금속 스프링을 안고 있어 재활용이 어렵다. 재활용하는 곳에서조차 펌핑 용기를 선별해서 스프링을 분리하거나 통을 세척하는 것이 어려워 100% 재활용하지 못한다고 한다. 세정제와 플라스틱의 관계는 참 친밀하다. 내용물이 담긴 용기조차 플라스틱이고 성분은 세정력을 높이기 위해 미세플라스틱을 사용한다. 미세플라스틱이 함유된 제품은 2023년부터 판매가 금지된다고 하지만 우리는 기존의 샴푸 방법에 너무나 익숙해져 있다.

톤28은 세정제에 제로웨이스트를 선언했다. 용기와 성분에 플라스틱을 전혀 쓰지 않는다. 성분은 방부제, 실리콘, 파라벤, 석유계 계면활성제는 삼가고 비건소사이어티 인증을 받았다. 용기 제작은 필요 없어졌다. 왜냐하면 비누바 형태의 제품이기 때문이다.

액체형 샴푸는 불필요한 물, 인공 방부제가 많이 들어가지만 고체형 제품은 방부제가 필요 없다. 세정성분 역시 계면활성제 대신 천연유지로 대체되었다. 비누바의 포장재는 분리배출이 가능한 종이로 되어있고 다 쓴 뒤 어느 것도 남지 않는다. 그야말로 쓰레기를 낳지 않는 제로웨이스트의 실현이다. 과거 공산품이었던 비누에서 벗어나 화장품 품질기준으로 샴푸바가 완성되어 실제 사용했을 때 세정력이 약하다거나 트러블을 일으키는 불편함은 느껴지지 않았다.

페이스·보디 클렌저도 비누바 형태로 제안한다. 한 사람이 가장 플라스틱을 많이 배출하는 공간인 욕실에서 그 비율을 단번에 0%로 줄였다. 약산성, 유기농성분으로 구성된 클렌저는 특정 한 사람을 위한 제품이 아니라 온 가족이 사용해도 무난하여 불필요한 소비도 줄어들게 한다. 비누의 형태는 사용감이 거칠어서 두피에 사용하면 머리카락이 부드럽지 못하고, 얼굴에 사용하면 더 건조해진다는 게 일반적인 생각이었다면, 제품을 실제 사용해본 사람들은 완전히 다른 후기를 내놓고 있다.

요즘 욕실에서 나의 풍경은 영구적으로 쓸 수 있는 비누 고정대에 페이스 · 보디 겸용 비누바와 샴푸 비누바가 자리 잡고 있다. 여러 플라스틱 통이 줄지어있던 욕실 풍경보다 훨씬 미니멀하게 축소되었다. 흐르는 물에 비누바를 적셔 손으로 감싸 쥐다 보면 거품이 생긴다. 머리카락 위에서 그 거품은 더 풍성해진다. 페이스와 보디에도 부드러운 거품을 내 충분히 비누 거품 마사지를 한다. 흐르는 물에 다 씻어낸 후 어떤 불편함도 남지 않는다. 플라스틱을 줄이면서 다른 플라스틱 제품을 사용하지 않나 주변을 더 돌아보게 한다.

뿐만 아니라 긴 플라스틱 용기를 짜내면 색깔별로 자신의 내용물을 뿜내던 일반적인 치약을 멀리하고 톤28의 고체치약을 사용하기 시작했다. 액체형 치약은 합성향, 방부제, 화학성분이 함유된 경우가 많아 구강세포에 유해한 자극이 된다고 위험성을 알렸다. 구강세포는 세포 방어막이 없어 유해성분에 더 취약하기 때문에 안전한 치약을 사용하는 것이 필요하다. 구강 전체에 자극이 없는 성분으로 구성된 고체치약은 아기 손톱만 한 크기다. 입안에 넣고 씹어주면 거품이 몽글몽글 입안에서 피어나는데 그다음 칫솔질을 하면 된다. 일반 화학성분이 강한 치약은 양치 후 어떤 맛도 쉽게 느껴지지 않았다면 고체치약은 자극이 덜하다. 또한 치약을 쓸

때 마지막에 가위로 잘라내어 안을 긁어 사용했다면 유리병에 담긴 고체치약은 분리 배출하는 순간까지도 간편해졌다. 고체 제품의 등장은 욕실 속 플라스틱 사용을 현저하게 줄어들게 하는 긍정의 신호다.

욕실뿐만 아니라 주방까지 변화를 가져왔다. 기존 주방세제 역시 방부제, 합성계면활성제, 표백제, 색소, 중금속 등이 문제였다. 특히 음식이 담기는 그릇에도 숨구멍이 있어 이들이 배어들면 우리가 곧 섭취하게 되는 것이다. 톤28의 안내에 따르면 액상 주방세제의 올바른 사용법은 물 1L에 주방세제 1.5mL를 희석하는 락스의 사용법과 같다고 한다. 그동안 잘못된 방식으로 사용하면서 우리는 140mL 종이컵 기준으로 한 잔의 주방세제를 항상 먹고 있다고도 했다. 그러나 비누바 형태의 주방세제는 잔류 세제, 방부제 걱정이 없고 안전한 먹을거리 원재료를 갈아 넣어 만들어서 그릇 외에 껍질째 먹는 과일까지 안심하고 세척할 수 있다.

소비자들이 세정제를 쓸 때 필수요건으로 꼽는 것은 풍성한 거품이다. 이를 잠재울 만큼 풍부한 거품이 세정력을 증명한다. 무엇보다 그간 설거지 후 거칠어진 손이 거슬려 핸드크림을 가까이 두었다면 비누바 형태로 바꾸면서 손끝이 거칠어지는 느낌이 사라졌다. 이 단단하고 부드러운 형형색색의 비누가 만들어내는 힘은 실로 대단하다. 지구의 전쟁을 만든 기후변화의 원인과 플라스틱 사용을 차단하고 성분 또한 착하게 빚어내는데 제품력이 떨어지지 않는다. 액체 세제보다 천연성분 함유량은 월등히 높고 가격도 훨씬 저렴하다. 또 고체로 된 내용물이 실온에 그대로 노출되다 보니 욕실과 주방은 비누 향이 자연히 퍼져 스며든다. 특히 코로나19 바이러스로 인해 개인위생이 요구되면서 집에서 쓰던 비누의 자투리 혹은 비누를 조각 내 휴대용으로 가지고 다니고 있는데 덕분에 공중 화장실에 비누 혹은 세정제가 없어 난감할 일이 사라졌다.

톤28은 대기업처럼 잘나가는 유명인을 써서 CF를 찍거나 광고를 하고 있지 않다. 다만 그들이 하는 홍보 활동에는 늘 톤28의 사용자들이 등장한다. 곧 고객이 파트너, 사용자, 모델의 모든 역할을 하며 그들의 일원이 되어 함께 행동하고 있다. 시간이 힘이란 이런 것일까. 이 모든 것이 모여 2021년 11월에 진행된 한국기업평판연구소 빅데이터 분석결과, 비건 화장품 브랜드 평판 1위를 기록하기도 했다.

친환경 행동파 뷰티 브랜드, 톤28

친환경을 넘어 '필必환경' 시대가 된 현대에 맞춰 씻고 바르는 것을 만들고 있다. 사람과 환경에 유익하고 건강한 아름다움을 추구하는 뷰티 브랜드이다. 글로벌 화장품 업계 최초로 종이패키지를 개발하였으며, 세정제에서 비누바 타입을 확대하여 용기없는 제로웨이스트 뷰티로 새로운 패러다임을 만들어내는 곳이다.

E
환경
Environment

지구상 스스로 자신의 생태계를 파괴하고 있는 것은 인간뿐이다. 산업과 기술의 발달로 대량 생산, 대량 소비가 가능해졌다. 더 많은 것, 더 좋은 것을 빠르게 생산하기 위한 무분별한 행동은 결국 녹아가는 북극의 모습에서 무릎 꿇을 수밖에 없게 만든다. 특히 뷰티 시장에서 대량 생산은 당연하게 여겨지고 있다. 톤28은 이에 벗어나 소량 생산을 원칙으로 한다. 그들은 소비자들에게 "2년 전에 만든 에센스를 2만 원에 사시겠어요? 아니면 방금 신선하게 만든 에센스를 2만 원에 구입하시겠어요?"라고 물으며 소량 생산된 제품임을 강조하고 있다. 무엇보다 피부측정 후 사용자에 따른 피부와 기후 데이터를 기반으로 커스텀 화장품을 제작한다. 피부측정 데이터와 기후 데이터를 같이 접목한 알고리즘을 개발해 우리나라 뷰티 브랜드 중 가장 많은 실 측정 데이터를 가지고 있다. 이를 통해 매달 바뀌는 기후변화를 반영해 맞춤형 제품을 만드는 것이다. 이는 곧 톤28만의 유일하고 가장 독보적인 기술력이다.

플라스틱으로 골치를 앓는 환경 문제를 해결하기 위해 용기부터 개선했다. 약 500번의 테스트 끝에 액체를 담을 수 있는 종이패키지를 세계 최초로 개발했다. 이는 업계 최초로 90%의 레스플라스틱을 현실로 만들었다. 용기의 비율을 10%로 설정했다면 바르는 성분에는 90%로 설정하여 가치를 높였다. 화학성분은 전혀 쓰지 않는 처방을 고집한다. 또한, 자체적으로 유기농 농장을 운영하고 협력하며 원료화를 하기 위해 끊임없이 시도하고 있다. 국내 친환경 화장품에 대한 선별이 모호하기 때문에 모든 성분의 경우 공인된 비건 인증기관인 비건소사이어티로부터 인증해 신뢰감을 더한다. 환경에 민감한 피부를 고려하고 자연과 동물을 해치지 않는 올바른 성분, 레스플라스틱의 철학은 포기하기보다 더 강화하고 있다. 이 모든 것이 톤28의 지속가능성이라고 이야기한다.

사회
Social

환경을 위하는 제품을 만들면 이를 사용하는 사용자들도 건강해진다고 믿는 신념과 행동은 사용자들의 일상 속에서 깊은 변화를 일으키고 있다. 미세플라스틱으로 문제가 되는 클렌저류의 제품을 모두 고체화하여 성분에 대한 위험성을 줄였다. 또한, 플라스틱 용기를 일절 사용하지 않음으로써 물과 함께 씻겨 바다로 흘러들어가는 잔여 미세플라스틱은 물론, 분리배출 후 해결되지 않는 용기에 대한 부담을 없앴다. 이러한 제품을 지속해서 개발하고 선보이면서 기존 펌핑 용기에 익숙해졌던 사람들의 뷰티 행동 패턴을 변화시키고 있다. 과거 샴푸 판매 순위에 기본적으로 펌프형 용기가 더 사용감이 좋아 상위를 지키고 있었다면 올해 들어 상위에 비누 형태의 샴푸바가 듬직하게 자리 잡고 있는 것에서 시대의 변화를 읽을 수 있다.

특히 바른 일을 행동하는 일원이 되고 싶어 하는 MZ세대의 특징을 읽고 플로깅 키트를 만들어 배포하면서 뷰티 생활 속에서 플라스틱 사용에 대한 경고뿐만 아니라 사람들의 움직임을 독려했다. 이 행동은 코로나19 바이러스와 맞물려 실내 활동에 회의감을 느끼는 사람들에게 해방감을 주었다. 또 개인의 취향과 사회적 신념이 건강함과 지구를 생각하는 것에 닿아있다고 느끼게 하는 플로깅의 만족감은 인스타그램과 같은 SNS에서 스스로 인증하도록 만들었다. 톤28은 무브먼트라는 닉네임으로 플로깅을 하는 참여자들을 위한 계정을 만들어 매일 한 명씩 그들의 행동을 칭찬하고 응원하고 있다. 이 계정 안에서 주인공이 되고 싶은 또 다른 사람들의 행동은 계속해서 이어지고, 소개된 사람들은 책임감을 느끼며 더 행동하게 하는 선한 영향력을 보여주고 있다.

G 지배구조
Governance

톤28은 제조를 다른 시설에 맡기지 않고 스스로 하고 있다. 해남에서 유기농 농법으로 재배한 것을 원료로 사용하고 있으며 재배한 것이 실제 상품화되면서 해남 지역 내 일자리 창출에 기여했다. 나아가 다양한 농가로 확대될 예정이다. 파트너가 될 농가의 원칙은 윤리적인 방법으로 재배하는 곳이어야 한다. 자연을 보호하는 방식의 농업을 위해 화학비료와 농약을 쓰지 않고 친환경 재배 방식을 고집하며 저탄소 농업으로 사용자는 물론 작물이 자라는 땅도 건강하게 만든다. 또한, 재배품목을 화장품 원료로 만들며 부가가치를 높여 다양한 소득을 만들고 지속가능한 친환경 농업의 축이 되고 있다.

일회용품
(트래쉬버스터즈)

일회용이란 말 지우기

일회용이란 말
지우기

적어도 일주일에 한 번은 꼭 한강대교를 거쳐 철교 밑을 따라 허리 숙여 걷는다. 나름 한강을 딥클렌징 해준다고 표현하고 있다. 길거리에 구르는 쓰레기들을 줍는 일이다. 플로깅이라고도 한다. 사람들이 뛰거나 자전거를 타고 한강 곁을 달리는 도로는 갓길 사이 던져진 쓰레기들이 많다. 입구에서 2.5km 정도를 걷다 보면 여의도 한강공원의 편의점이 보인다. 그리고 큰 주차장이 펼쳐져 있다. 새벽녘 주차장은 음산할 때가 더 많다. 깊이 깔린 안개와 강의 습기가 만나 어둑하다. 그 사이로 고양이, 쥐, 까마귀 모두가 한 곳에 모여있다. 처음 이 풍경은 충격이 아닐 수 없었다. 포식자와 자신의 영역을 잃은 그들은 하나가 되어 음식물쓰레기를 주워 먹느라 정신이 없다. 모두가 낭만을 즐기는 강변 곁 낮과 밤 풍경을 뒤로한 한강의 어두운 그림자이기도 하다. 이는 곧 인간이 만든 풍경이다. 한강공원을 찾은 시민들이 남기고 간 음식물쓰레기가 쥐와 까마귀들의 좋은 서식지를 만들고 있다.

공원의 입구, 편의점 쪽으로 향할수록 쓰레기는 한걸음 내딛지 못할 수준으로 계속 이어진다. 플로깅할 때 가장 두려운 곳이기도 하다. 서울시 한강사업본부에 의하면 한강공원에서 발생하는 쓰레기 양은 매년 증가하고 있다. 지난 2015년 3,806톤에서 지난 2017년 4,832톤으로 해마다 10% 이상씩 증가하는 추세다. 특히 주차장은 이곳이 커피숍이었나 싶을 정도로 일회용 컵들이 즐비하다. 다회용 봉투에 쓰레기를 담아 가려고 해도 먹다 남은 음료들이 출렁이기 일쑤다. 2019년 환경부가 카페 실내에서 플라스틱 컵 사용을 규제한 모습은 많은 변화를 일으키고 있지만 아직도 플라스틱, 종이컵 등은 한눈팔 순간 없이 거리를 점령하고 있다.

차가운 음료를 담는 플라스틱보다 따뜻한 음료가 담아지는 종이컵이 환경에 도움된다며 곧 죽어도 '뜨아뜨거운 아메리카노'를 선택하던 이가 있다. 하지만 카페나 음식점에서 사용하는 종이컵은 플라스틱만큼이나 재활용이 더 까다롭다. 〈월스트리트 저널〉의 보도에 따르면 우리가 흔히 쓰는 일회용 종이컵은 온도가 높거나 낮은 음료를 담았을 때 쉽게 젖지 않도록 내부에 폴리에틸렌으로 코팅을 거치게 된다. 전문가들은 이 코팅된 컵에 따뜻한 음료를 담아 마실 경우 많은 양의 미세먼지가 녹아 인간이 섭취하게 될 수밖에 없다고 말한다. 컵을 재활용하기 위해서는 종이컵 내부 코팅제를 벗겨내야 하는데 종이에 강력하게 달라붙은 코팅제를 떼어내는 건 쉬운 일이 아니다. 심지어 코팅된 종이컵 쓰레기를 소각하여 폐기할 경우 수많은 유해 물질을 발생시켜 오히려 더 큰 문제의 원인이 된다. 플라스틱보다 더 심각한 종이컵이 한 자리씩 차지하고 있는 한강공원 주차장의 풍경은 볼 때마다 숨이 막힌다. 쓰레기 줍는 운동을 멈출 수 없게 나를 자꾸 움직이게 하는 것도 그 풍경이 한몫하고 있다.

한강공원만의 문제가 아니었다. 한강공원의 쓰레기를 열심히 주워 담고 돌아와 우리집의 생활 쓰레기를 정리하던 날이다. 덜 쓰고 덜 남긴다고 부단히 노력해도 배달 음식을 한 번 시켜먹으면 여전히 절반 이상이 일회용품으로 가득했다. 일상 속에서 일회용품 사용을 절제하겠다고 몸과 마음이 아무리 외쳐도 이미 익숙해진 편리함을 쉽게 벗긴 어렵다. 즐겨 쓰던 플라스틱 빨대도 바꾸는 데 오랜 시간이 걸렸다. 스테인리스 빨대로 시작해 세척이 어려워지면서 입구가 넓고 투명한 유리 빨대를 선택했다. 비주얼을 담당했지만 그 친구는 쉽게 부서졌다. 사탕수수, 옥수수 전분 등 생분해 소재로 만든 빨대를 거쳐 결국 깨지지 않고 세척이 쉬운 실리콘 빨대에 이르렀다. 빨대 하나를 바꾸는 데도 수많은 시행착오를 겪었는데 종이, 스테인리스 스틸, 생분해 소재, 유리 등 다양한 고민이 낳은 일상 발명품들을 마주할 때면 나뿐만 아니라 모두가 노력하고 행동하고 있다는 것을 새삼 깨닫는다.

희고 몸짓 큰 모형, 어떤 시선으로 바라보면 귀엽기도 한 캐릭터 중 하나가 고스트버스터즈다. 영화 속에서 유령을 사냥하듯 이를 오마주로 하여 쓰레기를 사냥하는 특별한 사람들이 있었다. 일회용품 없이도 편리하게 생활할 수 있도록 재사용이 가능한 시스템을 문화로 만드는 트래쉬버스터즈 이야기다. 경리단길에서 남산 중턱으로 오르면 작은 골목들이 곳곳에 있다. 그 사이 주택을 개조한 트래쉬버스터즈가 있다. 문을 열고 들어서자 그들의 슬로건들이 곳곳에 붙어있어 꼭 그들의 머릿속에 들어와 있다는 느낌을 받게 했다. 계단을 올라 자리에 앉자 트래쉬버스터즈를 상징하는 주황색 컵에 녹차가 담겨 왔다. 곧 다가올 겨울의 바람이 잠시 따뜻한 녹차의 기운으로 가라앉히고 일회용품을 사냥하는 그들의 이야기에 빠져들었다.

일회용품이 아닌 다회용품의 사회를 문화로 만들겠다고 다짐한
이들은 환경운동가는 아니었다. 공연·축제 기획, 설치 미술 작가,
디자이너 등 다양한 삶을 그려내는 사람들이었다. 그중 리너인 곽
재원 대표는 오랫동안 축제를 기획하는 일을 해왔다. 규모와 상관
없이 사람이 모이는 축제를 기획할 때 가장 큰일은 떠난 인파 속
남아있는 무수한 쓰레기를 처리하는 일이었다. 실제 한 영국의 축
제 현장에서는 쓰레기가 산을 이루어 굴삭기까지 동원되어 화제가
된 바 있다. 이는 비단 영국만의 이야기는 아니다. 그들은 쓰레기
에 대한 고민을 안고 있던 찰나 생각을 조금 틀어 버려지는 것들을
위한 갈증 해소를 우리만의 식으로 풀어보자는 것이 이들을 뭉치
게 했다. 이것이 쓰레기를 잡는 스타트업 트래쉬버스터즈의 시작
이다.

많은 쓰레기가 발생하고 다양한 환경 문제가 초래되는 데 있어
그들이 주목한 것은 일회용품이었다. 특히나 코로나19로 인해 일
회용품의 사용은 더 증가했다. 개인위생이 요구되면서 일부 지자
체는 카페 내 일회용 컵을 허용했다. 뷔페, 투표소, 마트 등에선 여

러 사람이 사용하는 것들로 인한 감염을 막기 위해 일회용 비닐장갑을 쓴다. 거리의 사람들 심지어 거울 속 나조차도 일회용 마스크를 매일 쓰고 다닌 지 벌써 두 해가 지나간다. 한편으로는 감염병을 예방하는데 무조건 일회용품이 해결해준다는 사회적 분위기에 의문이 들기도 한다. 이 의문을 깨준 트래쉬버스터즈는 일회용품이 사용되는 곳에 다회용품을 대여하는 서비스를 하고 있다. 사용한 것을 수거하여 세척 후 다시 사용하는 방식이다.

물론 청결이 우선인 것은 기본이다. 반납함에 수거된 다회용품들은 먼저 초음파 세척기로 이물질을 제거한다. 이후 뜨거운 물에 불려 고수압으로 세척한 후 UV 소독기에 넣어 살균하며 건조한다. 건조가 완료되면 검수하여 패킹하고 합격한 것은 진공 포장을 하여 다시 배송이 나가는 시스템이다. 총 7단계의 세척이 진행된다. 본래 그들은 사업을 기획할 당시 주 활동무대를 지역 축제 및 행사장을 목표로 했다. 하지만 갑작스레 찾아온 코로나19 바이러스로 인해 행사는 줄줄이 취소되었다. 허공에 꿈을 던진 것 같은 허무함을 느낄 때 오히려 그들을 필요로 하는 곳으로부터 제안이 밀려 들어오기 시작했다.

그들이 첫발을 내디딘 곳은 영화관이다. 누구나 영화를 보고 나오면 사람이 지나간 자리로 쌓여있는 일회용품, 음식물쓰레기를 발견하는 것은 흔하다. 실제 2019년 CGV의 경우 매점에서 2,862억 원의 매출을 기록했는데 티켓 판매 다음으로 식품 구매가 많은 비율을 차지했다. 영화관 주 수입원인 광고 수익보다 2배가 많은 수치이다. 매점의 모든 먹거리와 음료는 대부분 일회용품에 담겨 판매된다. 그들은 영화관에 음료 컵으로 일회용품이 아닌 다회용품을 도입했다. 그들이 사용하는 다회용기는 PP_{Polypropylene. 폴리프로필렌} 소재로 플라스틱이지만 음식물을 담는 안전한 소재이자 재가공이 유용하다고 알려져 있다. 훼손되면 다시 분쇄해서 새 상품을 만드는 원재료가 되어 지속가능성을 갖고 있다. 일회용기의 대체재로 스테인리스, 유리 등은 생산과 폐기과정이 더 까다롭고 재가공해서 쓰기가 쉽지 않다. 모든 것이 생명을 다할 때까지 재사용할 수 있는 PP 소재가 그들의 니즈와 맞아 떨어졌다고 말한다.

그들은 이제 활동영역을 넓혀 기업 사내카페도 접수하기 시작했다. 사내카페에서 사용되는 일회용품 수는 어마어마했다. 첫 시작은 KT 사옥이었다. 이는 점점 퍼져 서울 지역에서 수도권 지역까지 서비스 범위를 확대했다. 5개월 동안 약 60만 개의 일회용품을 절감했다. 또 다른 파트너사 LG디지털파크는 20만 평 규모로 14개의 건물에서 4개 지점의 카페를 운영하고 있다. 이곳은 일 평균 4,300개 규모의 일회용 컵을 배출하고 있어 그들에게 도움을 요청해 쓰레기 없는 사내를 구현하는 중이다. 사내카페에서 음료를 구매해 음료를 다 마시고, 사용한 컵은 층마다 배치된 수거함에 넣는 방식이다. 기업 입장에서도 늘어가던 쓰레기 문제를 줄이는 것은 물론 먹고 난 후 처리가 불편했던 사용자들의 행동 패턴도 간편하게 줄여주고 있다. 그들의 사업은 크게 기술적이거나 오랜 연구가 필요했던 것은 아니다. 값이 싸고 편안하다는 이유로 일회용품에 길들어진 사회에서 벗어나 또 다른 시각으로 아직 사용할 수 있는 것들에 대해 재사용하는 문화를 만들었을 뿐이다. 그 작은 생각을 큰 행동으로 현실화하는 이들이 놀라웠고 세상을 움직이고 있는 흐름이 온몸으로 느껴졌다.

그들의 일회용품 사냥은 큰 기업과 거대 행사에서만 이뤄지지 않았다. 그들의 메시지를 센스있게 담아내는 SNS를 통해 일반 사람들에게 많은 호응을 얻으며 함께하고 있다. SNS에서 트래쉬버스터즈하면 떠오르는 신조어가 '버스팅'이다. 기업, 개인 누구든 일회용품을 줄이는 활동을 버스팅이라는 단어 안에 담고 있다. 종이컵 대신 텀블러, 물티슈 대신 손수건 등을 사용해 "다회용 컵에 물 먹는 나 제법 젠틀해요"라고 MZ세대 식의 말투로 표현하며 모두 함께 지구의 열을 식히자는 행동을 유도한다. 그들 스스로 일상 속 재사용하는 것을 인증하며 다양한 방법들도 제시한다. 이를 요즘 세대의 말대로 '힙'하게 신도하며 자연스럽게 사람들은 너도나도 버스팅을 인증하며 같이 웃고 즐긴다.

외부에서 일회용품의 존재를 지우고 다회용품을 생활화할 때 결국 사용자는 일반 개개인이다. 딱딱하게 "쓰레기를 줄이세요" 혹은 "일회용품을 더 이상 쓰지 마세요"라고 경고하듯 떠미는 것이 아닌 뒤처지지 않는 디자인과 호감이 묻어나는 활동 독려로써 환경에 대한 운동에 거부감을 낮추었다. 이러한 개인들이 다양하게 모이면서 문화가 되었고 기업들도 선택하지 않을 이유가 없어졌다. 그들의 이야기 속에서 결국 세상을 바꾸는 힘은 개인에 있다는 것이 더 와닿았다.

인터뷰의 마지막 질문으로 "트래쉬버스터즈가 꿈꾸는 내일은 어떤 건가요?"라고 물었다. 당연히 일회용품보다 다회용품 사용 습관이 더 많이 번져나가는 것이 아닐까 하는 단순한 생각을 했다.

되돌아온 답은 의외였다. 질문의 답은 "저희가 이 일을 하지 않아도 되는 날이요"였다. 그리고 일회용품이 보편화된 것처럼 다회용품이 그 자리를 꿰찰 수 있다고 믿는 그들의 눈빛은 반짝였다.

일회용품 세상을 다회용품으로 바꾸는 기적, 트래쉬버스터즈

축제, 행사, 영화관, 야구장, 장례식장, 카페 등 일회용품이 필요한 곳에 다회용품을 제공해 일회용품 없는 삶을 개척해 나가고 있어 '쓰레기 사냥꾼'이라고도 불린다. 다회용품을 제공하고 사용한 다회용품을 수거해 세척 과정을 거쳐 또다시 제공하기를 반복한다. 값싸고 사용감이 편해 당연했던 일회용품 사용 문화에서 벗어나 새로운 다회용품 문화를 개척해 나가는 기업이다.

환경
Environment

개인은 사용이 편해서, 기업은 비용이 저렴해 선택하는 일회용품은 우리 삶에 길들어져 있다. 이에 다회용기를 일상에서 학습하는 서비스를 시도한다. 일회용품이 익숙한 곳에 다회용기를 제공한다. 가격도 더 저렴하고, 사용한 다회용품은 수거해 7단계의 세척 과정을 통해 바이러스를 99%까지 박멸한다. 일회용품에 남아 있는 미생물과 그들의 다회용품의 위생을 비교했을 때 30배 정도 차이가 날 정도로 청결함을 유지하고 있다. 업체의 경우 다회용기

서비스로 인해 쓰레기 처리비용이 발생하지 않는다. 또한, 일회용품 사용에 대해 죄책감을 갖고 있던 일반인들의 마음을 가볍게 하는 것은 물론 다회용품 수거함이 있어 분리배출에도 불편함을 덜어준다.

특히 다회용품은 200~300번 정도 세척 및 재사용이 가능하고 수명이 다했을 때는 가루로 만들어 다시 컵으로 만들 수 있는 지속 가능성을 띠고 있다. 2017년 기준 우리나라 플라스틱 컵 배출량은 연간 33억 개로 집계된다. 2021년에는 그들이 줄인 일회용품의 개수를 440만 8,854개라고 공개한 바 있다. 그 수는 점점 늘어나고 있어 앞으로 더 많은 쓰레기를 줄일 것으로 예상한다. 이러한 노력으로 이들은 쓰레기센터에서 주관한 '제1회 쓰레기 환경대상의 사업 부분'에서 대상으로 선정되었고, 세상이 다회용기에 주목하고 있다는 것을 한 번 더 입증했다.

S 사회
Social

　제로웨이스트_{Zero Waste}는 이 시대의 트렌드이자 문화로 자리 잡아 이를 행동하면 '힙한 부류'로 표현되기도 한다. 이에 속하면 환경운동가보다는 깨어있는 사람으로 여겨져 관심이 없던 일반 사람들도 행동하도록 만든다. 이 문화에 트래쉬버스터즈는 잘 맞아 떨어진다. 사회적으로 일회용품 문제로 몸살을 앓고 있는 기업, 학교, 행사, 경기장, 장례식장 등 일상의 거점이 되는 모든 곳에 그들이 등장하고 있다. 일반적으로 개인에게 컵은 내 것이자 곧 내가 버릴 것이 아닌 빌려 쓰는 방식으로 접근했다. 개인이 컵 관리를 하지 않고 다 쓴 컵을 수거해 세척 후 다시 되돌려주는 순환 서비스로 일회용품의 편리함을 다회용기에 입혀 순환경제를 이룬다. 또 개인에게는 트렌드 키워드인 제로웨이스트에 더 가까워지는 문화를 이루고 있다.

지배구조
Governance

　배송 및 포장 등의 인력 고용을 강북구 지자체와 함께하고 있다. 민간 일자리인 그들과 지자체의 공공 일자리 지원으로 인해 코로나19 이후 고용 충격에 버팀목 역할을 한다. 또한 ESG 경영이 필수가 된 시대, 여러 파트너 기업사들이 환경적인 가치를 실현할 수 있도록 힘을 실어준다. 트래쉬버스터즈는 다회용품 서비스를 통해 일회용품 사용으로 인한 쓰레기 배출 및 과도한 비용의 문제를 줄이고 있다. 그들의 활동무대를 열어준 파트너 기업은 환경의 가치를 실현하며 자신들의 기업 문화를 환경친화적으로 완성하고 있다.

TRASH
BUSTERS

가축분뇨
(우천)

대체품에 익숙해지기

5

대체품에
익숙해지기

나의 유년시절은 도시보다는 시골에서 더 많이 보냈다. 아침에 눈을 뜨면 우리집은 안개에 폭 안겨있었다. 우리집 뒤통수에는 큰 저수지가 자리 잡고 있었고 그 앞으로는 낮은 산 사이로 가축을 키우는 곳이 많았다. 소꿉친구네 집에 놀러 갈 땐 축사 3곳을 지나 200년 된 보호수의 큰 뿌리를 더듬어 찾아갔다. 포장된 도로보다 그 나무의 뿌리를 따라가는 것이 더 익숙했다. 많은 이들이 과거를 떠올릴 때 나를 감싸던 냄새로 기억하곤 한다. 나에게 고향이란 단어와 친숙한 냄새는 축사의 분뇨 냄새다. 특히 한여름 폭염이 이어지거나 장마가 계속되면 그 냄새는 더 진하게 느껴졌다. 워낙 작은 축사들이고 낙후된 지역이라 당연히 악취 저감 시설을 설치하는 것은 사치였던 것 같다.

축사 곁을 지날 때 도시인들은 지독한 냄새에 얼굴을 찌푸리는 게 자연스럽다. 반면 나는 과거의 향수 때문인지 그때의 기억들을 끄집어내기 바쁘다. 그 시절 흔히 부르는 '똥 냄새'가 지구를 병들게 하는 요소인지는 전혀 생각하지 못했다. 특히 지금은 국내 축산업의 규모가 커지면서 가축분뇨는 더 늘어나고 있다. 대부분의 축사는 분뇨 보관 장소에 많은 분뇨를 쌓아놓고 관리가 되지 않으면서 더 심한 악취를 발생시킨다. 그 냄새를 맡은 인간은 악취에 골머리를 앓고 방치된 가축분뇨는 이산화탄소 21배의 온실효과를 내는 메탄가스를 발생시킨다. 한 번도 이 가축분뇨들이 어떻게 폐기되는지 진지하게 생각해본 적은 없었던 것 같다.

환경 문제가 화두에 오르면서 가장 병들고 있는 것으로 바다를 꼽는다. 해양경찰서에서 내건 '해양오염에는 백신이 없습니다'라는 해양오염의 심각성을 알리는 슬로건이 푸른 바다를 다시 들여다보게 했다. 오직 우리만이 해양의 백신이 될 수 있다는 말이 머릿속을 가득 채웠다. 해양오염의 원인에 대해 검색해 보기 시작했다. 그 순간 가장 놀랐던 부분이 바로 '가축분뇨'였다. 지독한 악취를 풍기는 가축분뇨의 행방은 바다로 향하고 있었다. 2016년 기준, 1988년부터 2015년까지 28년간 동해청 투기해역에 버려진 2,949톤의 육상

폐기물 중 80%가 인분과 가축분뇨였다. 28년간 우리는 785만 톤의 가축분뇨를 당연하게 바다에 뿌리고 있던 것이다.

가축분뇨를 바다에 내다 버리기 시작한 것은 1960년대 말부터다. 소규모의 기업들은 어떠한 통제도 받지 않고 매년 30~50만 톤 규모의 폐기물을 바다에 버렸다. 이 자료는 정부가 1988년에 이르러서야 해양투기량을 집계하기 시작했을 때의 기록이다. 문제가 수면 위로 드러나기 전의 기록을 포함해 영문도 모른 채 폐기물을 떠안아야 했던 병든 바다의 이유를 정확히 수치화한다면 지금 기록된 수치보다 몇 배에 달할 것이다. 바닷속 깊이 두껍게 깔린 분뇨들은 수산물을 오염시키고 결국 해산물을 즐겨 먹는 인간에게 영향을 끼칠 수밖에 없다. 이 때문에 2012년도에는 하수오니, 가축분뇨를 시작으로 해양투기를 모두 금지했다. 병든 바다를 떠나 그 어마어마한 양의 가축분뇨는 어디로 가고 있을지 의문만 남았다.

그러던 어느 날, 지인으로부터 흥미로운 연락을 받았다. 환경과 사람이 중심이 되는 지속가능한 발전을 위한 정책으로써 행정안전부에서 지역균형을 위한 뉴딜 우수사업 공모전이 열리고 있다는 것이다. 이후 참여를 독려하기 위해 온라인 국민투표 링크가 전달되어왔다. 링크에 접속해보니 각 지역에서 환경을 중심으로 한 다양한 사업들을 영상 콘텐츠에 담아 표현하고 있었다. 많은 사업 중 가장 눈에 띄는 것은 바로 '축분 기반 BIO-REFINERY 산업 육성'이었다. 궁금증에 서둘러 재생했다. 태양이 내리쬐는 깨끗한 시골 동네 안 축사가 등장했고 등장인물은 "이제 소똥은 열에너지로 쓰인답니다"라고 외쳤다. 요즘 젊은 세대 사이에서 대세인 힙합 음악에 맞춰 가축분뇨의 변신을 강조했다. 1분 50초의 짧은 영상 속 빨려 들어가는 느낌이었다. 가축분뇨를 열에너지로 사용하는 것은 과거부터 활용되어왔지만, 이 이상의 또 다른 어떤 변화가 있을지 궁금했다. 그리고 이 사업을 하는 우천을 찾았다.

양평 푸른 숲 낮은 능선 사이 북한강이 보이는 곳으로 향하니 목적지인 우천이 있었다. 축사가 아닌 전원주택 형태의 사무실에 더 호기심이 갔다. 인터뷰를 진행한 김 대표님의 방에는 무소유의 깨우침을 널리 알린 법정 스님의 사진이 존재감 있게 자리 잡고 있었다. 그는 삶의 길잡이로 법정 스님의 뜻을 전했다. 머릿속부터 몸까지 자신을 둘러싼 모든 환경에 필요한 것 이상으로 갖지 않고, 자연의 섭리대로 되돌려주는 것을 실천하며 살아가고 있다는 분위기에서 우천이 세상에 내놓은 것이 더 궁금해져 갔다.

이곳은 본래 소에게 센서를 달아 발정하는 시간을 확인하고, 최적 수정시간을 알려주는 사업을 하는 곳이다. 우리나라는 주식이 쌀이었지만 현대에 이르러 소, 돼지, 닭 등이 주식이 되면서 사육수도 급격히 증가했다고 한다. 소의 임신주기는 280일로 이 외에는 자궁을 회복하는 시간을 갖는다. 이때를 놓치면 송아지를 출산하지 못하고 농장주는 계속해서 소를 키우기 위한 물, 사료비, 인건비 등을 낳게 된다. 그래서 발정기를 놓치지 않기 위해 사람이 종일 소를 관찰하며 발정기를 기다리는가 하면 보통 이 발정기를 알리는 장치를 수입해서 사용했다. 하지만 해외의 경우 소를 방목해서 키우기 때문에 축사에서 키우는 국내 환경에는 맞지 않아 실패가 잦았고, 수입하던 소 발정 탐지기에서 벗어나 한우 전용 발정·질병 탐지기 '위태그W-tag'를 개발해 농가에 공급하고 있었다. 이후 자연스럽게 축사 관련 사업을 하면서 해결되지 못하는 가축분뇨에 관심을 갖게 되었다고 한다.

그동안 바다에 버려지는 분뇨들은 퇴비로 만들어 땅에 버려지고 있었다. 이제는 바다가 아닌 땅이 몸살을 앓고 있던 것이다. 가축분뇨를 퇴비화시키면 우리가 흔히 느끼는 악취, 즉 암모니아를 발생시키는데 이는 곧 메탄가스를 만든다. 땅속에는 인과 질소가 넘쳐나면서 재생력을 잃어가고 있다. 엎친 데 덮친 격 비가 오면 땅에 스며든 분뇨의 부정적인 불순물들이 강으로 흘러 녹조 현상을 발생시킨다. 여러 이야기를 해주던 그는 노트북을 펼치고 앉은 내게 작은 종이, 플라스틱, 솜 등을 꺼내 보였다. 그러면서 "이게 다 가축분뇨로 만들어진 거예요"라고 말했다. 믿기지 않는 풍경이다. 호기심에 냄새도 맡아보고 만져도 보았다. 물음표만 가득한 눈동자 안으로 그는 천천히 말을 이어나갔다. 화학을 전공한 그에게 가축분뇨가 열에너지로 쓰이는 것은 1차원적이었던 것 같다. 이미 아프리카, 몽골에서는 연료로 태우고 있었기 때문이다.

가축분뇨에서 나아가 그가 가장 집중한 것은 목재 수입이었다. 우리나라는 나무가 부족해서 펄프를 만드는 곳이 딱 한 곳뿐이라고 한다. 대부분 수입하는 게 현실이라 수입한 나무를 기계 펄프화법을 통해 만든다. 펄프는 커다란 나무를 대량의 에너지를 이용하여 작게 자르고 그 과정에서 다량의 화학물질을 통해 나무에 포함된 펄프를 추출하는 공정이 이루어진다. 이 과정에서 많은 이산화탄소와 환경유해물질이 배출되는 것이다. 반면 우분에서 펄프를 제조하는 공정은 달랐다. 소가 주로 먹는 사료가 볏짚이고, 소는 되새김질을 통해서 먹은 볏짚을 잘게 쪼개어 소화 과정에서 펄프를 만들기 적합한 크기가 된다. 따라서 기존의 펄프 공정에 비해 적은 양의 이산화탄소과 유해화학물질을 배출하게 된다.

결국, 소는 친환경 바이오 리액터Bio Reactor의 역할을 하는 것이다. 과거에는 볏짚에서 종이를 만들어 사용하기도 했으나, 현재 국내에는 사용할 바이오매스가 부족한 실정이다. 소의 사료 역할을 마친 바이오매스 사료를 재생하여 자원화하는 농촌광산Farm Mining의 개념이다. 소의 사료로 볏짚을 쓰고 가축분뇨를 분해해서 1차 에너지로 쓰일 수 있는 것을 분리하고 우분 재생 셀룰로스를 분리한다. 이 과정에서 우리가 느끼는 악취는 사라진다. 이렇게 강도 높은 'RMP'의 우분 재생펄프가 완성된다. 이를 세분화할수록 종이, 더 세분화하면 섬유, 후에 우분 재생 플라스틱까지 탄생한다. 소가 대신하여 만든 종이는 계란판, 과일 보호대, 건축 보드 등은 물론 셀룰로오스를 자원화함으로써 플라스틱 사용량의 약 25% 이상 감소시킬 수 있을 것으로 기대된다.

식품의 경우 보관할 때 숨구멍이 없는 플라스틱을 사용하면 수분으로 인해 쉽게 변질되지만 우분 종이의 경우 수분을 흡수해 보관상태가 더 좋아지는 효과가 있다고 말한다. 종이를 더 이상 생산할 수 없는 우리나라에서 이제 종이 생산이 곧 현실화되었다는 그의 목소리에서 단단한 힘이 느껴졌다. 새로운 그린 대체재가 생긴 반가움은 물론 가축분뇨로 피로를 앓던 축사에도 또 다른 경쟁력을 갖게 한다.

가축분뇨의 문제는 분뇨의 보관과 퇴비화하는 과정에서 발생하는 메탄가스가 이산화탄소의 21배 높은 온실가스를 배출하는 데 있다. 또 악취와 수질오염의 원인이 되어 축산 농가는 환경오염이라는 시선이 강하다. 이때 우천은 축산분뇨를 통한 녹색 에너지원과 플라스틱 대체소재를 얻는 자원을 생산하는 농촌광산으로 변화하며, 축산업을 친환경 사업으로 인식을 전환하기 위해 끊임없이 시도하고 있다.

축산 스마트팜 · 신재생 에너지를 연구하는, 우천

우천은 스마트팜 구축을 위한 축산 ICT 장비를 마련하여 가축분뇨를 이용한 고체연료, 펄프, 플라스틱 및 플라스틱 첨가제 등을 개발하고 있다. 이를 통해서 친환경 축산제품으로 그 활용범위를 확대하고 있다.

E 환경
Environment

2019년 기준 우리나라의 가축분뇨는 5,400만 톤에 달한다. 가축분뇨를 퇴비화하여 땅에 묻을 경우 온실가스, 녹조 현상 등 땅과 강물의 몸살은 회복기능을 잃어가고 있다. 또한 우리나라의 목재 수입 중 고체연료로 수입한 것은 370만 톤으로 해마다 1조 원 이상의 비용이 발생하고 있다. 이 두 가지 문제에 집중한 우천은 가축분뇨로 종이, 섬유, 플라스틱으로 재탄생시킨다. 이를 통해 첫째로는 축사의 평생 숙제인 폐기물을 없애주어 메탄가스와 암모니아로부터 벗어날 수 있다. 둘째는 수입한 나무를 잘게 잘라 목재연료를 만들었다면 우분을 통해 종이를 생산해 이에 소비된 비용을 절감한다. 소 한 마리의 250일 우분을 가지고 있으면 이산화탄소 152.4톤의 배출을 감소시킬 수 있다. 즉, 소나무 30년 생 80그루를 심는 효과가 있다.

사회
Social

농촌에서 반전을 발견했다는 말이 어색하지 않다. 농가는 점점 늘어나는 가축분뇨로 살포지는 점점 부족해지고 살포 이후 지독한 냄새로 주변 이웃들에게 민원을 받는 것은 익숙한 삶이다. 하지만 이제는 축분을 활용하여 펄프, 종이, 플라스틱 원료를 다양한 자원, 에너지를 생산하여 농가의 또 다른 수익창출이 가능하게 했다. 이를 통해 공생하는 모두가 선순환하는 구조를 가져갈 수 있다. 이러한 지속가능한 친환경 축산의 행보는 우리가 살아가는 후생에도 큰 변화를 안겨줄 것으로 기대한다.

지배구조
Governance

우천은 기업의 이익만을 위한 행보가 아닌 이익의 공유를 목적으로 한다. 환경을 보존하고 비물질적 가치를 추구하고자 지금까지 개발한 자원과 에너지에 대해 끊임없이 여러 전문가들과 공유

하고 이를 바탕으로 또 다른 응용법을 연구하고 있다. 지배구조는
단순 조직만이 아닌 사회적인 공유를 기반으로 한다.

의류
(파타고니아)

유행과 멀어지기

6

서울의 중앙부 265.2m의 남산이 있다. 남산타워를 목적지로 하면 용산구, 중구든 어디서든 오를 길이 많다. 긴 오르막길, 능선을 따라 걷는 둘레길, 듬성듬성 계단이 있는 계단길, 우거진 숲길 등 남산의 길은 다양하다. 실내에서 하는 운동이 답답할 땐 야외에서 달리기를 했다. 캄캄하고 흰 달을 안고 있는 겨울밤, 추위로부터 달아나기 위한 온갖 장비와 의류를 덧대어 입고 숨을 헐떡이며 나와의 사투를 벌인 곳도 남산이었다. 무작정 걷고 싶을 때도 남산을 찾는다. 낮은 산등성이를 걸을 때면 서울을 한눈에 다 담을 수 있다. 시야에 걸리는 것 없이 시원하다. 몇 해째 해가 뜨는 시간에 맞춰 남산을 간다.

붉은 해가 노랗게 익어갈 때쯤, 남산타워 귀퉁이로 기계음이 들린다. 바로 케이블카다. 남산 케이블카는 국내 최초로 지어져 1962년 5월 12일 운행을 시작해 반세기 넘게 운영 중이다. 돌계단을 내려가며 케이블카를 지탱하는 줄을 올려다봤다. 기름칠한 굵은 철이 볕에 반사되어 나무 사이로 더 검게 빛을 띤다. 아침부터 저녁까지 쉬지 않고 운행되는 케이블카가 산을 오르기 힘든 자에게는 고마운 운행수단이 되겠지만 이를 버티고 있는 남산이 어쩐지 위태로워 보였다.

무의미하게 지나갔던 케이블카 풍경은 우연치 않게 자주 마주했다. 바로 등산이 취미가 되면서부터다. 산은 멀리서 보아야 아름답고, 오르지 않은 산이 더 신비롭다고 믿고 살던 시절이 있다. 내게 산은 그저 한 폭의 그림일 뿐이었다. 그러던 중 지인인 배우 이시영 언니가 끊임없이 산을 정복하는 모습을 보았고 얼떨결에 따라나섰던 게 등산 중독이 되었다. 정상이라는 목표를 가지고 성취하는 희열을 느껴보라는 언니의 말은 정상에 설 때 충분히 느껴졌다. 간혹 소문난 명산에 가면 날 선 이빨을 내놓은듯한 바위를 밟고 정상을 오르는 사람이 있는가 하면 케이블카를 타고 단숨에 정상에 온 사람들도 많았다.

지자체는 케이블카를 설치하면 사람들을 한데 모으는 건 시간 문제라고 바라본다. 2014년부터 운행한 여수 해상케이블카는 매년 관광객 200만 명을 유치하고 있다. 일명 돈이 되는 이 사업은 여러 지자체에서 사업화하고 있고 시도하는 부분이다. 산에 관심이 많아 전국에 가볼 만한 산은 늘 취미처럼 검색한다. 그러던 중 '반대'라고 맹렬하게 적힌 붉은 글씨를 온몸에 감싸고 넓적한 바위에 누워있는 시위대의 사진을 마주했다. 바로 울산시 울주군에 위치한 신불산이다. 신불산은 영남 알프스라는 별칭을 갖고 있을 정도로 자연경관이 훌륭하다. 신불산 케이블카 사업은 울산시와 울주군이 2013년부터 지역 관광산업 활성화를 위해 추진하고자 하던 사업이다. 하지만 지역주민과 지역환경단체 사이에서 끊임없이 부딪히고 있다. 신불산 케이블카 설치 반대 이유는 산림 훼손뿐만 아니라 상부 정류장이 백두대간 낙동정맥의 핵심 구역에 위치해 생태계 파괴가 우려되어서다.

케이블카 설치를 반대하는 사람들의 행보를 더 깊이 살펴보았다. 거친 산길 위에서 반대 메시지를 상의에 두르고 절을 하며 정상에 오르는 사람들의 사진이 흔적으로 남아있었다. 이들은 5년이 넘게 긴 싸움을 이어오고 있다. 높은 벽을 향해 외치는 행동이 어떻게 계속 이어질 수 있었을까 생각하던 때 낯익은 이름이 보였다. 아웃도어 브랜드 '파타고니아'다. 파타고니아는 1985년부터 매년 매출의 1%를 지구환경을 보호하고 되살리기 위해 활동하는 전 세계 환경 단체를 지원하고 있다. '1% For the Planer'라고 불리는 지원금은 전 세계 총 매출 1%를 각국의 상황에 따라 본사와 지사에 각 예산으로 배분한 후, 환경 단체의 지원 신청서를 받아 내부 절차에 따른 선정 과정을 거쳐 집행한다. 울산환경운동연합은 이 프로젝트 공모에 응모하여 5,000 달러한화 약 600만 원를 지원받았다. 그리고 그 후원금은 영남알프스 환경보호 및 케이블카 반대운동 캠페인에 전액 사용되고 있었다.

아웃도어 브랜드가 국내 환경 단체의 든든한 지원군이 되고 있다는 사실이 놀라웠다. 실제 파타고니아 사이트에 접속해보니 2020년까지 우리나라에만 총 60개의 환경 프로젝트를 지원했다. 착한 기업으로 포장하기 위한 보여주기식 단기적 기부 캠페인이 아닌 기업의 숙명처럼 환경 문제를 해결해 나가고 있는 모습이 흥미로웠다. 그리고 곧장 파타고니아에 문을 두드렸고 국내 파타고니아 환경팀을 이끌고 있는 담당자님을 마주했다. 기업을 인터뷰할 때마다 첫 질문은 항상 똑같다. "기업의 철학은 무엇인가요?"

그다음이 "기업이 추구하는 방향은 무엇인가요?"이다. 비슷한 질문을 던지는 동시에 늘 답변도 예상할 수 있었다. 하지만 파타고니아는 달랐다. 그가 말한 파타고니아의 철학은 "우리는 우리의 터전, 지구를 살리기 위해 사업을 합니다"였다. 방향성에 대해선 "어떤 기업은 이윤을 위해 환경을 보호하고 있다면 파타고니아는 환경보호가 곧 비즈니스의 목적입니다"라고 답했다. 그의 말끝엔 ESG를 염두에 두고 접근한 인터뷰가 잘못된 것이 아닐까 하는 생각과 순간의 자책도 들었다. 그들이 쌓아온 행동이 ESG에도 거리낌 없이 잘 어울렸기 때문이다.

파타고니아의 만남은 내 생각이 그간 500m 산에만 머물렀다면 하늘과 맞닿은 더 높은 정상의 산을 완등한 기분을 들게 했다. 그만큼 모든 것이 새로웠다. 아웃도어 브랜드로 알고 있던 파타고니아는 웻슈트, 서프보드, 작업복 등 산과 바다를 가리지 않고 모든 영역에 속해 있는 브랜드였다. 그들의 시작은 창업자 이본 쉬나드로부터다. 그는 18살 어릴 적부터 산과 바위, 바다에서 모험을 즐겼다. 암벽 등반을 할 때 갈라진 바위틈에 끼워 넣어 사용하는 금속 못 '피톤'을 직접 만들었다. 기존 연철로 만들었던 것을 그는 강철로 만들었고 그때의 회사 이름은 '쉬나드 장비회사'로 1970년대 당시 미국 시장 점유율 75%에 달했다. 하지만 어느 순간 그는 고객에게 "강철 피톤을 사용하지 말자"라고 선언하며 자신이 생산하는 제품에 대해 불매운동을 촉구했다.

　사람이 하늘까지 치솟은 아슬아슬한 경사를 오를 때 수백 개의 피톤이 단단한 바위에 박힌다. 장비가 좋아질수록 이 위험한 운동에 열광하는 사람은 많아졌다. 그래서 바위에 매달려 자연 그대로의 것들로 풍욕을 즐겼던 시절과 달리 점점 사람들이 지나간 암벽은 피톤 흉터로 가득했다. 자신이 만든 제품이 자신이 사랑하는 자연을 훼손하고 있다는 사실은 더 이상 품을 수 없는 사실이었다. 바위에 인위적인 손상을 내지 않고 등반할 수 있는 유기농 등반을 추구하며 피톤이 아닌 작은 알루미늄 초크를 개발했다. 이본 쉬나드는 단단하고 무거운 강철 피톤을 작은 알루미늄 초크가 대신할 수 있다는 것을 직접 몸으로 보여줬다. 피톤 없는 암벽 등반을 끊임없이 보여주고 카탈로그도 남겼다. 그의 행동은 신뢰가 되어 타인의 행동까지 그림자처럼 만들었다. 오늘의 파타고니아가 있기까지 이본 쉬나드가 사업가가 아닌 산악인이자 자연을 사랑하는 자연 취미 활동가로서 더 존재감이 강했기 때문이 아닐까 싶다. 그의 책에서도 "나는 스스로를 사업가라고 생각하지 않았다. 나는 등반가였고, 서핑을 하는 사람, 카약을 하는 사람, 스키를 타는 사람, 대장장이였다. 나는 그저 나 자신과 친구들이 원하는 좋은 도구와 기능적인 옷을 좋아했을 뿐이다"라고 언급한 바 있다.

그의 또 다른 도전을 낳게 한 것은 '의류'였다. 아웃도어 스포츠를 즐기는데 완벽한 품질과 단순함을 가진 제품으로 사용자들의 불편함을 해소하고자 했다. 이 시작은 곧 1973년 파타고니아의 탄생 시초다. 제품에 대한 그의 철학은 지금까지 이어져 파타고니아의 의류는 고객 마인드, 재료와 소재의 혁신은 당연히 따라오고 있다. 그러나 과거 어느 정보, 경험도 없이 시작한 의류사업은 시행착오의 연속이었다. 생산부터 판매까지 산 넘어 산은 계속되었다. 1988년 보스턴에서 고객들과 직접 대면할 수 있는 오프라인 매장도 갖췄다. 하지만 매장 직원들은 하나같이 두통을 호소했다고 한다. 이유는 오염된 공기를 계속 순환하는 공기 통풍 시스템 때문이었는데, 원인은 창고에 쌓인 의류 소재인 '면'에서 발견됐다. 목화솜에서 만들어진 면에서 포름알데히드가 나왔다는 것이다. 이는 여전히 일반인이 들으면 의아해할 수 있는 부분이다. 목화를 재배하기 위해 농경지의 약 10배에 달하는 살충제를 쓰게 되는데 이는 곧 천연 섬유가 아닌 화학 섬유가 되는 과정이라 해도 과언이 아니다. 이 사실을 알게 된 후, 모든 면제품의 원단을 유기농 면으로 바꾸게 되었다. 암벽 등반을 안전하게 하기 위한 장비가 암벽에 지워지지 않은 상처를 남긴 지난 과거에 이어 더 편리한 등반을 위한 옷이 지구를 병들게 하고 있다는 사실만으로도 그는 지금까지의 의류 생산과정을 멈추는 게 당연했다.

자연을 병들게 한 아픔은 늘 성장통이 되었던 것 같다. 1993년에는 재활용 페트병에서 추출한 섬유를 이용한 신칠라 플리스 재킷을 처음 만들었다. 지금 세상을 들썩이게 하는 패션의 리사이클링을 훨씬 앞서 시작했다는 것을 확인할 수 있었다. 파타고니아의 의류가 다양화되면서 그들은 의외로 의류 생산에서 벌어지는 환경 파괴를 더 많이 목격했다. 파타고니아는 1994년 자체적으로 내부 환경 평가 보고서를 만들었다. 외부 감사자를 고용해 그들이 의류를 만드는 생산부터 판매 전체의 과정에서 환경에 어떤 영향을 미치고 있는지, 심지어 직원들이 출퇴근할 때 사용하는 기름의 양, 직원의 복지, 임금문제 등에 대해 객관적인 잣대로 스스로 심판대에 올랐다. 이러한 과정을 통해 1994년부터 지금까지 유기농 천연 섬유, 재활용 합성 섬유, 독성이 적은 염료와 화학물질을 가까이하며 파트너사와 협력할 때에도 품질, 공정무역, 환경보호, 인권 등을 잘 지켜내고 있는지도 염두에 둔다. 파타고니아의 지속가능성에 대해 물었더니 돌아온 답은 "우리가 사는 지구의 자연을 해치고 있다면 우리의 지속가능성은 없다"였다. 그리고 그의 뒤로 암벽을 오르는 이본 쉬나드의 거침없는 손과 발짓이 그 말에 힘을 보태주고 있었다.

의류가 만들어지는 그 시작점인 농장에서부터 환경 파괴의 요소는 너무나도 많다. 하지만 옷이 생산된 후 버려지는 의류폐기물도 무시하지 못한다. 2021년 9월 기준 전 세계 인구가 1년 동안 구매하는 옷의 양은 무려 5,600만 톤에 달한다고 한다. 이때 판매되지 못한 제품들은 소각되거나 혹은 쓰레기로 수출된다. 파타고니아가 90년대 초 주목한 의류의 합성 섬유는 현재 의류 시장에 60%를 차지하는데, 의류폐기물 원재료 분리가 쉽지 않아서 매립되거나 소각될 때 더 많은 문제를 낳고 있다.

과거 유행가가 음원차트 8주를 기록하는 것도 추억이 됐다. 이제 2주만 기록해도 최고 기록을 운운하는 때가 왔다. 유행가처럼 옷의 트렌드도 거침없이 바뀐다. 대량 생산이 이러한 풍경을 만들었을까. 눈 깜짝할 사이 바뀐 트렌드라지만 이에 맞춰 소비될 구매

항목은 이미 준비되어 있다. 바야흐로 패스트패션의 시대이다. 모두가 의류폐기물을 걱정하기보다 남들 앞에 뒤처지지 않는 자신을 챙기느라 더 바쁜지도 모르겠다. 폐기물의 문제점을 파타고니아 역시 인식하고 있다. 그래서 생산과정부터 생산량을 타이트하게 관리한다. 그리고 망가진 옷을 고쳐 입기 위한 대안을 마련하고 있다. 파타고니아 전 CEO 로즈 마카리오는 연말 인사에서 "당신에게 필요한 것은, 바느질 도구와 고쳐 입을 오래 입은 옷입니다"라고 말했는데, 여기에서 대안의 제시어를 찾을 수 있었다. 온 세상이 심각한 기후위기의 문제를 큰 숙제로 받아들이고 있지만 어떠한 환경 운동보다 먼저 해야 할 것은 '소비를 줄이는 것'이라고 경고한다. 그의 말대로 가지고 있는 옷을 더 오래 사용하면 소비가 줄기 때문에 이산화탄소와 폐기물을 발생시키는 생산도 영향을 받게 된다.

어느 의류 브랜드도 옷을 고쳐 입는 방법을 말하지 않았다. 파타고니아는 매해 4만 벌 이상의 옷을 직접 수선하고 있으며 매장 판매 직원들도 웬만한 의류 수선이 가능하다. 또 옷을 구매한 경우 그 옷을 수선하여 입을 수 있는 40가지 이상의 방법들을 쉬운 콘텐츠로써 제공하고 있다. 이러한 더 적은 소비의 가치를 실천하기 위해 2013년부터 시행한 캠페인이 원 웨어Worn Wear다. 이 캠페인은 의류 수선서비스, 온라인 중고 판매 등으로 수명이 다한 옷에 다시 생명을 불어넣는 것으로 지금까지 10만 점이 넘는 의류를 재탄생시켰다. 소비자가 소유자가 되어야 한다는 파타고니아의 생각이 드러나는 대목이다.

병든 지구를 치유하기 위해 행동하는 우리의 브랜드를 선택해야 당신도 지구를 지킬 수 있다고 메시지를 던지는 것이 자본주의 리더들의 뻔한 말이다. 한편으로 보면 대량 생산과 소비를 부추기는 것은 거대한 의류기업들의 영업 행태 때문이 아닐까 싶다. 의류 폐기물, 화학 섬유 생산 등 의류가 환경을 파괴하는 것을 막기 위해서는 의류업계가 변해야 한다. 파타고니아는 움직임 없는 이 거대한 의류업 바다에 잔잔한 파도로 시작해 큰 물줄기를 만들고 있다. 원료부터, 생산, 판매, 제품의 사후관리까지 이 모든 과정이 건강하게 순환될 수 있도록 이끌고 있다.

소비자를 자연 지킴이로 만드는, 파타고니아

　환경친화성과 지속가능성을 핵심 가치로 설정한 기업이다. 기업의 이윤을 제1의 목적에 두고 있지 않으며 지구의 건강을 최우선으로 하는 브랜드이다.

환경
Environment

1993년 설립 이래로 파타고니아는 기능은 물론 환경을 고려한 의류 소재를 선택하고 있다. 유기농 면의 경우 유기농 재배를 하는 농부와 거래하고 섬유로 탄생하기까지 친환경적으로 생산되는지 역추적할 수 있는 시스템까지 갖추고 있다. 리사이클링 소재, 유기농 면, 천연 울 등을 선호하며 합성 섬유를 포함하지 않는 의류 비율이 현재까지 75%에 달한다. 2025년까지 이 비율을 100%로 만드는 것이 목표다.

유행에 맞춰 많은 제품을 팔기보다 질 좋은 제품을 판매하고 이를 오래 입는 방법을 제안한다. 의류의 재사용 방법을 직접 안내하거나 2011년부터 오래된 제품을 회수해서 수선해준다. 또한 주인을 잃은 중고 옷을 다시 디자인해 새로운 제품을 탄생시켜 판매한다. 옷의 생애주기 모든 것에서 지속가능성을 고민하고 행동하는 파타고니아는 소비자에게도 잦은 소비를 줄이는 것이 지구를 위해 더 가치 있는 일임을 끊임없이 강조하고 있다. 탄소중립에 대해서도 중요성을 인식하고 있어 이를 달성하기 위해 제품을 생산하는 공장, 전기에너지를 사용하는 사무실, 전 세계의 매장 등에서 사용하는 에너지를 모두 재생에너지로 전환하는 것을 목표로 하고 있다.

S

사회
Social

옷을 디자인하고 판매하는 일만큼 염두에 두는 것이 바로 기후위기에 대한 고민이다. 전 세계 지사들이 함께 모여 항시 기후위기에 대한 대응을 논의한다. 일시적인 캠페인이 아닌 사업 전반적으로 기후위기에 대처할 행동을 하는 것이 목표로 따라온다. 그래서 지역 내에서 지구환경을 되살리기 위해 노력하고 있는 곳의 든든한 지원군이 되고 있다. 1985년부터 매년 매출의 1%를 지구환경을 보호하고 되살리기 위해 활동하는 전 세계 환경 단체들을 지원하는 데 사용하며 환경 단체가 만들어내는 변화의 힘이 크다는 것을 믿고 지지하고 있다.

지배구조
Governance

파타고니아의 임원부터 직원까지 모두 갖춰야 할 것은 지구를 위한 행동과 철학, 아웃도어 라이프에 대한 가치이다. 또한, 수직적인 문화가 아닌 수평적 의사결정의 문화를 갖고 있다. 실무자의 판단 아래 필요한 일에는 책임감을 갖고 커뮤니케이션하고 협업하며 업무의 자유성을 갖는다. 이는 조직이 한곳에 머무르지 않고 진취적으로 나아갈 수 있는 독창성을 갖게 하는 원동력으로 보인다.

일에서 개인의 자유성을 중요하게 생각하는 만큼 업무 외적으로 개인의 생활도 존중한다. "일은 즐거워야 한다"라는 창업자 이본 쉬나드의 철학이 드러나는 문화이기도 하다. 그리고 파타고니아는 자신들의 시작처럼 환경 문제 해결을 위해 사업에 뛰어든 스타트업을 돕기 위한 투자 펀드 '틴 쉐드 벤처Tin Shed Ventures'를 만들었다. 이때 사회적, 환경적 가치 창출하는 비즈니스 모델을 갖추고 있는지를 주요하게 본다. 단, 지속가능성이 불투명한 기업에는 투자하지 않는다. 또한, 일정 수준 사업이 궤도에 올랐을 때 사업을 지속할 수 있는지 재무적 능력도 함께 염두에 둔다. 이러한 투자는 제2의 파타고니아를 발굴해 나가면서 지속가능한 경제, 지속가능한 자원 등 건강한 경제 생태계를 이룬다고 보고 있다.

맥주 · 식혜 부산물
(리하베스트)

새로운 먹을거리 즐기기

새로운
먹을거리 즐기기

    서울이라고 소음만 달고 사는 것은 아니다. 경복궁에서 청와대로 연결되는 도로는 정갈한 돌담길과 모든 세월을 읽은 큰 나무들이 버티고 서있어 어느 곳보다도 조용하고 고즈넉하다. 등산을 즐기기 전까지 어디든 걷는 것을 좋아했다. 일이 풀리지 않거나 마음이 복잡할 때는 꼭 이 거리를 걸었다. 은은한 바람이 늘 부는데 계절 상관없이 참 부드러워 거니는 순간마다 보호받는 느낌이 들었다. 정처 없이 걷다가 마주했던 게 바로 부암동이다. 오르막을 몇 개 지나치면 작은 마을이 자리 잡고 있다. 전통 있는 맛집부터 예술적 감각의 매장들이 곳곳에 자리 잡고 있어 갈 때마다 사람들로 북적인다.

    겨울이 다가왔을까 싶을 때 겉옷을 벗게 하고 한숨 돌리고 나면 추위가 기승을 부리는 지난해의 날씨는 기후변화를 온몸으로 느끼게 했다. 그렇게 초겨울 옷깃을 바짝 세우고 바람결에 부암동에 왔다. 오늘의 목적지는 작은 아틀리에 같은 곳에 재봉틀이 놓여있는 공방이다. 이곳은 동대문, 패션 브랜드에서 옷을 봉제하고 남은 자투리 천들을 모아 가방, 파우치, 원피스, 모자 등으로 재탄생시키는 곳이다. 소규모 공장에서 하루 옷을 재단하고 남은 자투리 원단만해도 의류폐기물이 되고 있고 그 양이 실로 어마어마하다고 한다.

의류폐기물을 조금이나마 줄여보고자 마음에 드는 천을 몇 가지 골라 가방을 만들어보기로 했다. 차갑고 입이 뾰족한 공업용 재봉틀이 나를 기다리고 있었다. 자투리 천 위로 일자 모양을 낸 뒤 재봉틀의 미세한 진동 속에서 긴장한 숨소리가 새어 나왔다. 본격적으로 재단하고 재봉을 통해 자투리 천을 이어 붙였다. 버려지던 것들이 함께 이어져 사용할 수 있는 목적이 부여되는 순간이었다. 뜨겁게 달궈진 다리미판 위에서 그것들이 활짝 펴졌다. 그리고 그것은 세상에 하나밖에 없는 나만의 업사이클링 가방으로 완성되었다. 친구는 손에 걸린 새 가방을 들여다보며 "역시 세상은 다시 보면 버릴 게 하나도 없어"라고 말했다. 우리 뒤로 배경처럼 걸려있던 자투리 천이 만든 다양한 패션 아이템과 의류는 편견상 촌스러울 것 같았지만 유행을 읽은 듯 기성품과 같은 존재감을 띠고 있다. 단순히 버려져야 한다는 생각에만 그쳐 폐기물로 둔갑해야 했던 것들이 다시 재탄생한 것이다.

며칠 뒤 일주일에 한 번 단골 카페에서 무료 나눔 하는 커피 찌꺼기를 받으러 갔다. 카페 측은 커피 찌꺼기를 폐기하는 것에 부담이 많았고, 내겐 필요한 것이었다. 커피를 내리고 남은 찌꺼기는 화학성분을 배제한 제품을 추구하는 내게 매우 유용한 아이템이 된다. 각질 제거가 필요할 때 보디워시에 섞어 몸을 마사지해주면 자극 없이 피부 결을 관리할 수 있고 덤으로 욕실 안에 인공향료가 담긴 디퓨저 대신 고소한 커피 향이 가득해진다. 욕실 세면대나 욕조를 닦을 때 커피 찌꺼기 3, 베이킹소다 2, 물 5의 비율로 섞어 사용하면 코를 찌르는 화학 락스 세제보다 지나간 자리가 더 윤이 난다.

커피 찌꺼기를 받아 들고 이곳 사장님께 지난번 자투리 천을 이용해 만든 업사이클링 가방을 들어 보이며 익숙한 것이 주는 새로움을 이야기하기 시작했다. 사장님도 호응하며 늘 고민하는 내용이라고 했다. 커피 찌꺼기에 대해 고민하기 시작한 것이 2019년 기준 전 세계에 1년 동안 버려지는 부산물 양이 15만 톤에 달한다는 뉴스 보도를 본 뒤부터였다고 한다. 실제 아메리카노 한 잔을 만들기 위해 원두는 평균 15g 정도를 사용하지만 이때 버려지는 커피 찌꺼기가 99.8%에 달한다. 사장님은 곧 "우리 같은 작은 카페에서 나오는 찌꺼기 양도 엄청난데 버리는 것도 다 돈이거든요. 그래도 이걸 가지고 숯을 만들기도 하고 화장품을 만들기도 하더라고요. 세상이 달라지고 있어요"라고 말했다. 집으로 향하는데 사장님의 이야기가 귓바퀴에 머물렀다. 업사이클링의 세계를 스스로 너무 제한시키지 않았나 하는 마음에 관련된 자료를 찾기 시작했다. 개인에서 벗어나 인간의 백신이 되어주기 위해 업사이클링을 실천하는 곳을 찾아봤다. 그 마음이 닿았을까 이 질문의 답이 되어줄 리하베스트를 발견했다.

리하베스트는 맥주, 식혜를 만들고 남은 원재료와 부산물을 이용해 밀가루 대체재를 만들어 새로운 먹을거리를 탄생시키고 있는 곳이다. 오히려 밀가루와 비교해 단백질이 2배, 식이섬유가 18배에 달한다. 당과 칼로리가 없어 웰니스Wellness. 신체적·정신적·사회적 건강이 조화를 이루는 이상적인 상태를 이르는 말를 삶에 들여놓는 지금 세대의 먹을거리에 거부감이 없다. 하지만 버려야 하는 존재로 여겨지던 부산물을 섭취하기까지 소비자의 구미를 당기려면 맛은 물론 포장재도 달라야 한다. 얼른 그들이 보리 부산물로 만든 바 형태의 간편식을 구매했다. 포장재에는 보리가 맥주로 탄생하고 또 남은 부산물은 한 끼를 대체할 곡물바 형태의 식품으로 탄생하는 것을 이미지로 표현하고 있었다. 겉모습이 대중 제품에 비해 뒤떨어지지 않아 미소가 절로 번졌다. 서둘러 포장을 뜯고 한 입 베어 물었다. 고소한 곡물이 입안에 퍼졌고 거칠지 않은 식감부터 풍부한 포만감이 꽤 만족스러웠다. 무에서 유를 창조한 발명이 아닌 가지고 있는 것에서 탄생한 이 부산물의 변신이 너무 흥미로웠다. 제품 하나만으로도 그들이 세상에 전하고 싶어 하는 이야기와 맛까지 느낄 수 있었고 흥분된 마음으로 인터뷰를 요청했다.

마포에 위치한 사무실에서 리하베스트의 두 리더를 만났다. 세상에 없던 것을 창조하는 것보다 기존의 것에 큰 변화를 준 이들이 더 대단해 보였다. 식품브랜드 전략 컨설팅을 해온 그들은 2019년 스타트업 사업에 뛰어들었다. 이들은 사업을 한다면 지속가능한 경영의 형태를 하겠다고 생각했고, 오랜 시간 대기업들의 생산 과정을 지켜보면서 버려지는 부산물들을 보고 푸드 업사이클링에 대한 힌트를 얻었다고 한다. 스타트업 푸드 업계에서 ESG 신예 강자로 떠오르는 그들에게 기후변화에 영향을 주는 가장 큰 문제점이 무엇인지 질문했다. 따라오는 대답은 놀라웠다. 1년에 국민 1인당 572kg의 식품을 만들어내고 이 중에 과반수는 쓰레기로 버려진다는 것이었다. 폐기물이 처리되고 매립되는 과정에서 많은 비용과 탄소배출이 발생한다. 더 깊이 들여다보면 2010년 기준 식품 생산으로 배출된 온실가스는 137억 톤으로 전체 온실가스의 26%를 차지한다. 그들이 식품 부산물로 새로운 먹을거리를 생산해내는 행동은 기존 존재하던 환경 부담금, 탄소배출량을 줄이는 의미 있는 과정이다.

우리가 흔히 즐기는 '치맥'에서 빼놓을 수 없는 맥주를 만들기 위해선 연간 41만 톤의 부산물이 나온다. 이 부산물이 영양가를 잃은 것은 아니다. 단백질, 식이섬유가 풍부해 맥주박의 약 45%는 사료나 퇴비로 쓰이고 나머지는 버려지고 있다. 45%가 대체재로 사용되어도 환경 부담금은 연 280억 원에 달하고 탄소배출량도 오히려 증가한다. 그들은 가장 영양성분이 풍부한 맥주박, 식혜박을 안고 원료로 만들기 위해 1년 가까이 끊임없이 연구 개발에 힘썼다. 실제 주류 대기업과 협업해 맥주박을 제공받고 있다. 젖어 있는 부산물들은 자외선과 원적외선으로 사전처리하고 균 발생을 억제하기 위해 세척용액으로 살균한다. 이때 반복하여 영양 상태를 계속 체크하면서 이물질을 제거하고 건조한다. 이 과정을 거친 후 부산물들을 곱게 갈면 밀가루 대체재 '리너지 가루'가 만들어진다. 특별한 공법을 쓰면 맛이 흐트러지기 때문에 이를 유지하기 위해 시행착오는 수백 번에 이르렀다고 한다.

그들의 1차 타깃은 개인보다 기업이었다. 구체적으로 가치 있는 부산물들을 떠안고 비용과 탄소배출까지 만들어내고 있던 곳, 자원 부족으로 고민하는 곳, 지속가능한 미래의 먹을거리를 갈구하는 곳이다. 더 많은 생산자가 업사이클링 푸드 원재료를 이용하면 환경 문제를 보다 빨리 해결할 수 있기 때문이다. 단순 밀가루 대체재라는 사실만 선보이는 것은 한계가 있다고 생각해 자체적으로 에너지바를 생산했다. 이후 많은 기업들과 협업하게 되었고 맥주박과 식혜박이 피자 도우, 파스타 면, 과자, 소스 등으로 탄생하고 있다. 비용적인 부분에서도 밀가루 대비 원가가 64% 절감이 되기 때문에 생산 부담도 적어진다. 다양한 생산자들의 새로운 그린라이프를 열고 있는 그들의 이야기에 감탄만 나왔다.

하지만 그들이 더 힘주어 말하는 것은 맑아진 환경뿐만 아니라 그 안에 속한 소외된 계층이 함께 이를 누리는 것이라고 강조했다.

바로 '사랑의 새싹플랫폼'이다. 장애인들이 삶의 일원으로서 소속 감을 갖고 일할 수 있도록 하는 것이다. 리하베스트의 제품은 검수 과정에서 약 60명의 발달장애, 다운증후군, 지체장애를 앓고 있는 장애인들이 보호 작업장에서 직접 제품을 검수하고 하자가 없는 제품에 직접 검수 완료 스티커를 붙이고 있다. 이들의 경우 계속해서 손을 사용하는 것만으로도 뇌를 퇴화하지 않게 하는 생활 치료 요법으로 더 건강한 삶을 즐길 수 있다고 한다. 또 반복적인 작업에 이들의 집중력이 높아지면서 기업은 완벽하게 검수된 제품을 생산해낼 수 있다. 무엇보다 이들은 작업 외에도 한 달에 한 번 스티커나 퍼즐을 이용해 손을 사용하는 스터디 모임을 하며 작업 훈련을 꾸준히 하고 있다.

세상은 매일 당연하게 일반식을 생산하고, 그 부산물은 폐기비용을 내어 처리하고, 일반인들만이 그룹 지어 일한다. 리하베스트는 당연하고 질 좋은 삶에 반대되는 삶에서 돈보다 가치 있는 기쁨을 얻고 있다고 입을 모았다. 그들의 이야기에 빨려 들어가며 한편으로 착한 기업의 옷을 입기 위해 거액을 기부하고 받은 기부증서로 홍보자료를 만들기보다 서로가 공생할 수 있는 생산적인 모습이 이 시대의 진정한 나눔이 아닐까 싶었다.

자유로운 사고가 익숙한 그들의 성향은 회사의 분위기에서도 나타났다. 일방적인 의사결정은 내부 구성원과 벽이 생겨 본질을 가장 망가뜨린다며 직원들에게 모든 것을 알고 있게끔 하고 있다. 이 때문에 직급에 상관없이 궁금증이 생기면 누구나 이것을 팩트로 전달하고 충분한 의사소통을 하며 더 건강한 조직이 되기 위해 노력하고 있다.

국내 최초 푸드업사이클링 기업, 리하베스트

맥주, 식혜 등 식품 제조공정에서 발생하는 부산물들을 원료로 한다. 특히 밀가루를 대체할 수 있는 리너지 가루를 개발하여 식품 분야의 탄소배출을 낮추고, 미래의 먹을거리를 제공하는 브랜드이다.

환경
Environment

맥주박, 식혜박을 이용해 밀가루 대체 식품 원료를 만드는 것이 현재의 원료다. 이에 그치지 않고 식품 부산물 개발은 현재 진행형이다. 첫 번째, 맥주박을 알칼리 처리하여 단백질을 액체에 용해된 상태로 분리해 현대인의 필수 영양소로 꼽히는 식물성 단백질 원료를 생산한다. 두 번째, 알칼리 처리가 끝난 맥주박에서 수산화나트륨 처리를 하면 섬유의 원료가 되는 셀룰로스로 분리된다. 본래 셀룰로스 나노 섬유는 나무 벌목을 통해 얻게 되는데 이것 또한 심각한 환경 파괴의 원인으로 꼽힌다. 식물성 셀룰로스와 셀룰로스 섬유까지 맥주박의 변신은 끝이 없다. 부산물들의 폐기과정에서 발생하는 비용과 탄소배출은 물론 밀 농사로 인해 소비되는 물

사용, 화학비료를 이용한 토양오염 등을 줄여주며 다양한 식품 생산의 환경 문제들을 해결해 나갈 수 있는 힌트가 되고 있다.

S

사회
Social

지속가능한 자원, 친환경 기술을 안고 있는 리하베스트의 푸드 업사이클링은 식품 대기업에도 새로운 길을 안내한다. 스타트업 기업의 새로운 기술력, 미래 지향적인 아이디어와 함께 홍보비, 시설, 자금이 여유로운 대기업의 합은 완성도 높은 제품을 더욱 많이 생산하여 대중들의 삶에 빠르게 흡수될 수 있다. 대기업이 시장을 점령하는 구조가 아닌 동반 파트너로 함께 성장하는 것이다. 이들에게 동반 파트너는 큰 기업뿐만이 아닌 사회 취약계층에게도 뻗어있다. 리하베스트의 제품 검수는 장애인 보호 작업장에서 완성된다. 장애인들을 고용함으로써 고용문제를 해결하는 것은 물론 계속해서 손을 사용해 뇌를 자극해야 하는 그들의 특수한 상황까지 케어가 가능하다. 그들은 경제의 선순환을 넘어서 계층의 선순환까지 고집하고 있다.

지배구조
Governance

    조직의 침묵은 기업의 생산력을 저하한다. 리하베스트는 조직 내 구성원들이 모든 일에 의문을 갖는 것이 아닌 확신하는 것에 의미를 둔다. 조직 내 침묵이 존재하지 않기 위해 제도적으로 자유롭게 소통하는 분위기를 만들고 있다. 그래서 조직 간의 정보 공유가 단절되지 않고 이어지고 있다. 이 대화의 끝은 항상 기업의 철학, 비전을 거론할 수밖에 없게 만든다. 자연스럽게 자신의 포지션에 대한 명확한 책임감을 갖게 된다. 단기간 내 많은 성장을 이루어낼 수 있던 것도 조직원들 간 명쾌하게 소통하는 분위기가 한몫할 것이다.

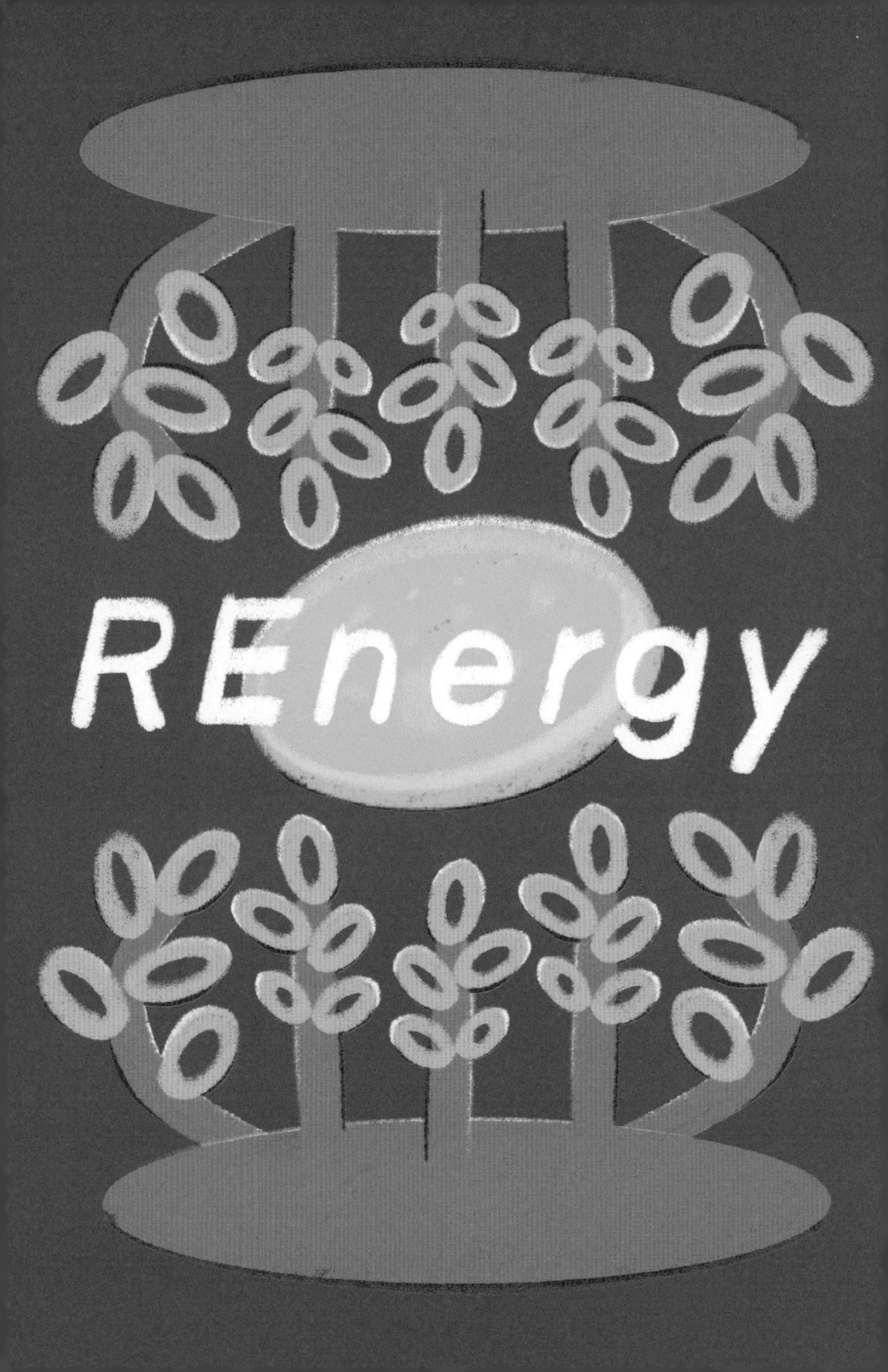
REnergy

음식 대량 생산
(파지티브호텔)

자연도, 사람도 건강한 식단

8

자연도, 사람도
건강한 식단

매일 새벽 일출 시간쯤 알람 진동이 방안을 흔든다. 이불 속에서 빠져나와 가장 먼저 하는 일은 깨끗한 생수를 마시는 것이다. 첨가물 없는 미지근한 물 한 잔에 온몸의 감각을 깨우는 것이 느껴진다. 그리고 올리브유를 삼키고 부드럽게 몸을 움직여 풀고 복부도 눌러주며 아침을 받아들이는 시간을 갖는다. 잠이 달아날 때쯤엔 신선한 채소를 꺼내 아침상을 준비한다. 푸른 채소 위엔 향긋한 향을 풍기는 올리브유를 듬뿍 적신다. 어느 날부터 이 아침 풍경은 습관처럼 자리 잡고 있다.

내가 환경친화적인 삶에 관심을 가지고 그린라이프를 결심하게 된 것은 오로지 나 자신을 위한 선택이었다. 15년 동안 방송작가로 생활하며 반 이상을 뷰티 콘텐츠를 제작하며 지냈다. 나의 정보를 배우들의 입으로 전하는 방송작가에만 그치던 내가 세상에 목소리를 낼 수 있었던 것은 네이버 포스트 채널을 운영하게 되면서부터다. 누군가의 입을 빌려 이야기하는 것에서 벗어나니 나의 캐릭터가 절실하게 필요했다. 그렇게 나만의 뷰티 콘텐츠를 주 1회 제공하겠다고 큰소리를 쳤지만 그 당시 콘텐츠를 주름잡던 메이크업 아티스트, 성분 전문가들처럼 난 크게 재주가 없어서 1년을 방황했다.

또 6년 차 때까지는 여느 작가들처럼 낮과 밤이 바뀌고 가끔 조금 더 움직이는 것이 운동이라고 여기며 살았다. 7년 차 때부터 일과 일상을 분리하고 싶어 시작한 것이 아침 운동이다. 아침에 운동을 조금 했을 뿐인데 이 습관 하나가 내 인생을 송두리째 바꿔놓았다. 불규칙한 방송환경 속 프리랜서 삶에서 버틸 수 있었던 건강한 체력과 건강한 마음을 낳은 것이다.

운동으로 건강해진 탓에 주변에서 내게 건강해지는 방법들을 자주 물었다. 모두의 고민인 '아침 부기 빼는 식단', '단기간 살 빼는 법' 등에 대한 정보는 사실 인터넷에 수도 없이 많다. 예전에는 그때그때 필요한 것을 골라 검색해 말해주었지만, 지금은 직접 실험해본 뒤 그 질문에 답하고 있다. 나아가 더 많은 이들과 정보를 공유하기 위해 '내 몸 실험기'라는 이름을 붙여 매년 콘텐츠를 발행 중이다. 처음 비중은 운동 80%, 식단 20%였다면 시간이 흐를수록 내가 먹는 것, 바르는 것에 신경 쓰기 시작했고 올바르게 만드는 기업들을 선호하며 이를 알리는 역할을 하고 있다.

2018년도를 시작으로 첫해에는 '식물성 식단'으로 살아보기로 했다. 3개월 동안 식물성 단백질 식단을 섭취하고 운동도 병행했다. 씻고 바르는 것도 식물성을 기반으로 했다. 단순한 호기심은 큰 변화를 안겨줬다. 오래된 고질병인 생리통, 부기, 아토피로부터 멀어졌다. 3개월 사이 식물성 식단을 몸소 해보니 주변에서 떠도는 질문에 대해서는 무엇이든 답할 수 있었다. 그 답은 곧 나 자신이었기 때문이다.

다이어트는 모두의 평생 숙명으로 유명 연예인의 다이어트법이 공개되면 유행처럼 번지기 마련이다. 2020년에는 '지중해식 식단' 열풍이 거세게 불었다. 지중해식 식단은 1960년에 이탈리아와 그리스 같은 지중해 연안 사람들이 먹던 전통음식을 기반으로 한다. 채소, 과일, 견과류, 씨앗, 통곡물, 올리브유 등을 많이 섭취하고 가

금류, 달걀, 치즈 요구르트, 붉은 고기는 적당량만 섭취하는 것이다. 단, 설탕 첨가 음식, 가공된 육류, 정제된 곡물 및 기름은 섭취하지 않는다. 이 식습관을 연구한 전문가들에 의하면 지중해 연안 사람들이 일반 서양 사람들에 비해 건강하고 질병의 위험은 물론 비만율도 낮다고 했다. 또 한 가지 주목할 점은 지중해식을 습관화하고 있는 이탈리아는 2019년에 몸과 마음의 건강 행복 지수가 가장 높은 나라로 선정된 것이다.

지중해식 식단과 관련된 전문가들의 긍정적인 의견들은 나의 호기심을 더 자극했고, 이 방법이 내 몸에 맞는지가 궁금해졌다. 곧바로 90여 가지의 음식 알레르기 검사를 시작으로 소변으로 배출되는 대사산물을 측정하는 유기산 검사를 시행했다. 검사를 통해 미세영양 결핍상태, 체내 독성물질 상태, 장내 세균증식, 신경내 분비 활성 상태를 볼 수 있고 이에 따라 필수 영양소, 항산화 제어, 해독에 대한 처방 및 신체 내 대사균형을 맞추기 위한 식이요법을 처방받을 수 있다. 음식 알레르기 검사에서는 마늘, 파인애플, 우유 단백질을 조심해야 한다는 결과가 나왔다. 유기산 검사로 알아본 소화기관 상태는 장 누수 상태였다. 장 누수는 유아기 너무 청결한 환경에서 자라거나, 장내 세균을 충분히 배양하는 것이 불가능해져서 장 환경이 악화된 경우다. 현대적인 식생활에서 더욱더 장은 자극받게 되어있다. 소장 점막에 구멍이 생기면서 그 사이로 음식물의 독소, 세균, 소화가 덜 된 음식이 혈액을 통해 몸속에 문제를 일으킨다. 이는 아토피, 음식 알레르기, 면역력 저하, 동맥경화, 당뇨병, 비만, 자가면역질환, 피로감, 우울증 등을 낳는다. 식습관으로 인해 발생한 문제점들을 살펴보면 현대인들이 누구나 경험하고 겪고 있는 것들이다. 우리는 값비싼 영양제, 관리 등으로 이를 해결하려고 하지만 여전히 풀지 못한 숙제이기도 하다. 결과적으로 누구보다 내게 지중해식이 적합했다.

지중해식에 관심을 갖게 되면서, 국내에서 지중해식을 기반으로 하는 파지티브호텔도 알게 되었다. 이름처럼 사용자가 이들의 제품을 경험하는 순간 '체크인'한다고 받아드리고 섭취하는 몸, 마음, 겉모습까지 최상의 서비스와 변화를 즐길 수 있게끔 한다. 이들로부터 '체크아웃'하는 순간은 나쁜 독소를 완전히 걸러낸 깨끗한 자신을 만날 수 있다는 브랜드의 메시지가 나를 더 흥미롭게 만들었다. 이곳에선 지중해식 식단에 기초한 간편식을 주요 상품으로 내놓았다. 이들은 건강한 음식을 제공하는 만큼 생산하는 재배지에도 신경을 쓰고 있다. 비용을 줄이기 위한 대량 생산보다는 신선한 제품력을 유지하기 위해 무리한 재배를 독촉하지 않는 소량 생산방식을 고수했다. 또 국경과 상관없이 식재료가 가장 건강하게 자라는 환경에서 공수한다. 그들의 철학은 지중해식의 가장 메인이 되는 올리브유에서 볼 수 있다. 재배부터 생산까지 모든 과정에서 화학적 처리를 하지 않는 친환경 방식을 고수하는 곳을 파트너로 두고 있다. 가공 과정을 최소화하여 자연 방식 그대로 생산한다. 최상의 컨디션은 시간, 비용 등 많은 조건이 요구되지만 이들은 절대 타협하지 않고 묵묵히 자신의 철학을 지켜나가고 있다.

친환경 방식을 고수하는 것만이 환경을 위한 것은 아니다. 대량 생산을 위한 무차별적인 재배는 수확하는 과정에서 농기계, 수송을 위한 차량, 화학비료 사용 등 지구 온난화의 주범인 화석 연료가 쓰인다. 식품을 조리, 처리, 포장하는 모든 과정에서도 화석 연료가 사용되며 이산화탄소가 대기를 덮는다. 농작물 외에도 육식을 위한 가축을 기를 때 많은 물 사용과 녹지가 필요하다. 이를 위해 숲의 나무를 베어내어 이산화탄소 흡수량은 점점 줄어든다. 가축들이 먹이를 소화하면서 나오는 방귀, 배설물 또한 강력한 온실가스인 메탄이 된다. 가축을 기를 때 배출되는 이산화탄소, 이산화질소, 메탄가스 등을 합치면 연간 온실가스 배출량의 18~20%를 차지한다. 전문가들은 이를 화석 연료 다음으로 큰 오염의 원인으로 꼽는다. 식물성 식단을 기반으로 하는 지중해식은 인간의 배를 채우기 위해 온실가스를 낳는 행위들을 줄일 수 있는 한 부분이기도 하다. 비건식을 선언하는 사람 중 대부분 이와 같은 이유로 채식을 선택하는 경우가 많다.

이번에도 직접 실험해보기로 했다. 파지티브호텔의 제품을 주식으로 하고 나머지는 가장 깨끗한 식재료를 선택했다. 매일 섭취하는 식단 중 토마토 등의 채소를 마당에서 직접 기르기까지 하며 3개월간 몸을 만들었다. 화장품도 맞춤형으로 제조를 의뢰해 바르는 것도 일치해서 진행했다. 3개월 후의 변화는 놀라웠다. 몸을 늙게 하는 산화스트레스와 항산화력에 대한 검사를 진행했는데 활성산소인체의 배기가스, 몸 안 곳곳을 돌아다니며 혈관 및 세포를 손상하고 노화와 면역력 기능을 저하시키는 것와 항산화 능력인체가 산화스트레스 상태가 되지 않도록 방어하는 기능이 최적의 상태라는 진단을 받았다. 체지방의 경우는 20%에서 15%로 감량하고 근육량은 급격하게 증가했다. 컨디션은 더 좋았고 몸은 더 단단해진 것이다. 대부분 주변 사람들은 무모한 선택이라고 했지만 식물성 원료들이 주는 단단한 힘을 직접 확인하면서부터 계속 실천 중이다. 이 시간 속에서 파지티브호텔도 건강한 원료 기반의 제품과 식단을 꾸준히 즐길 수 있게 다양한 제품을 내놓았고 오프라인 매장을 통해 더 많은 사람들에게 직접적으로 다가가고 있다.

 그들은 재배, 생산과정뿐만 아니라 음식이 담기는 용기도 신경 쓰고 있다. 화려하고 쓰레기만 남기는 불필요한 플라스틱 포장재에서 벗어나 전 제품에 재활용이 가능한 종이 포장재를 사용하고 있다. 오프라인 매장에서는 종이 빨대, 생분해 비닐 포장을 고집하고 있다. 그들은 지구와 사람이 공생할 수 있는 미래의 먹을거리를 계속해서 연구하는 것을 지속가능성으로 꼽는다.

 미래의 먹을거리를 끊임없이 구상할 수 있는 것은 투명한 지배구조와 실제 실무진인 내부 조직원들의 목소리에 귀 기울이는 노력이 존재하기 때문으로 보인다. 회사의 자본금 변동, 투자, 새로운 변화나 사업에 대해서는 회사의 경영진뿐만 아니라 정책 자금을 운용하는 기관과 건강하게 협의하여 과반수가 동의할 때 진행하고 있다. 또한, 특정 리더들의 목소리로 이끌어가는 것이 아닌 각 사업 영역 있어 리더들과 목표를 공유하며 건강한 보상제도로 탄탄한 조직을 만들기 위해 끊임없이 소통하고 있다.

지구와 인간이 공생하는 바른 미래의 식습관, 파지티브호텔

재배, 제조, 생산 모든 과정에서 친환경을 추구한다. 이를 통해 고객으로부터 건강해지고 행복해졌다는 피드백을 듣는 것을 최우선 가치로 여기고 있는 현대인의 웰니스 푸드 큐레이팅 브랜드이다.

환경
Environment

환경에 부정적인 영향을 끼치는 것은 최소화하며 가공 과정을 최대한 줄여 자연의 방식 그대로 채택하는 방법을 우선시한다. 앞으로 우리 식탁에 화학처리를 하지 않은 원재료의 비중을 늘리는 것이 지구와 공생하는 건강한 식탁이라고 고집하며 이 안에서 제품을 만들고 소비자를 만나고 있다. 화려한 패지키로 보여주기식 브랜드를 홍보하는 것이 아닌 미니멀리즘을 추구한다. 특히 오프라인 매장에서는 플라스틱 용기를 쓰지 않고 포장재는 생분해 용기 또는 종이 사용을 신천 중이다.

S 사회
Social

    소비자를 물건을 사용하는 단순 사용자로 분류하지 않고, 이들의 삶의 질을 높이는 것이 사회의 유익 창출의 일환이라고 보고 있다. "You are what you eat"은 파지티브호텔의 슬로건 중 하나다. 나 자신을 표현하는 것으로 명품 옷과 차, 직업, 사는 집도 있겠지만, 내가 먹는 것을 빼놓을 수 없다고 말한다. 스스로 어떤 것을 매일 먹느냐에 따라 자신의 몸과 마음의 건강을 결정한다고 믿는다. 그래서 그들은 건강한 원료 기반의 제품과 식단을 현대인의 삶 속에서 번거롭지 않으면서 자연스럽게 제공하여 스스로를 위한 건강한 선택이 당연시 되는 것을 목표로 한다. 건강한 식단과 식품은 내 몸이 얼마나 소중한지를 느낄 수 있는 부분 중 하나이며 현대인의 고질병이자 사회적 문제인 우울증에서 벗어날 수 있기 때문에 한 끼 한 끼가 매우 중요한 문제고 이 사회를 긍정적으로 변화시킬 수 있다.

지배구조
Governance

지속가능한 지배구조를 위해서 경영진은 회사의 효율적 의사결정을 위한 최소한의 소유권만 가지고 있다. 50% 이상에 해당하는 회사의 지분은 각종 정책기관을 파트너로 구성하고 있는 벤처 투자 기관과 함께 관리하고 있다. 법인의 성격을 유지하기 위해 사업전개에 있어 회사의 경영진뿐만 아니라 자금을 운용하는 기관과 협의하는 것은 물론, 내부 구성원들에게도 이를 투명하게 공개하여 모든 구성원들이 책임감을 갖도록 하고 있다.

POSITIVE
HOTEL

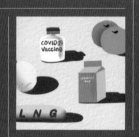

전기에너지
(한국초저온)

배송되는 제품 다시 보기

배송되는 제품
다시 보기

환경친화적인 행동을 쫓다 보니 감사하게도 친환경을 추구하는 브랜드에서 신제품이 출시될 때마다 사용해 볼 기회가 종종 온다. 먹을거리, 바를거리, 입을거리 등 모든 생활재들을 경험해보면서 트렌드도 읽고 있다. 해마다 친환경 제품과 브랜드의 가짓수가 늘어나는 것을 보면 확실히 환경을 위한 행동이 대세임을 느낀다. 그러던 어느 날 대체육이 배달되었다. 대체육은 급속도로 성장하고 있는데 비건 세대가 200만 명에 달하는 이유도 있지만, 코로나19 바이러스의 이유도 있다. 코로나 팬데믹 시대가 계속되면서 안전하고 지속가능한 자원 속 건강한 먹을거리를 찾는 게 당연시된 것이다. 대체육은 식물에서 추출한 단백질로 만든 것과 동물의 줄기세포를 채취한 뒤 배양해 만든 것으로 두 종류로 나뉜다. 소고기, 돼지고기, 닭고기에 이어 해산물까지 등장했다. 식감, 육즙까지 그대로 되살려 채식주의자뿐만 아니라 일반인들의 식단에 올라도 거부감이 없다. 2020년 기준 국내 대체육 시장 규모는 115억 원으로 집계되었고 2021년 155억 원까지 증가할 것이라는 유로모니터의 예상도 나왔다.

이 핫한 지속가능성을 갖춘 먹을거리는 박스에 담겨 배달되었다. 박스 전면에는 친환경 종이와 종이테이프를 사용했다고 표기해 '친환경 패키지'임을 강조했다. 거대한 박스를 열자 알루미늄 포장지에 대체육 패키지가 한 번 더 덧씌워져 있었다. 상자의 크기에 비해 안의 내용물은 너무 작았다. 신선한 냉동 상태를 유지하기 위해 "먹지 마시오. 내용물 그대로 배출하시오"의 경고 문구가 적힌 아이스팩 두 개가 덧붙여 있었다. 아이스팩을 떼어내고 알루미늄 비닐을 벗기자 플라스틱 용기에 담긴 대체육 두 덩이가 보였다. 이 대체육을 만나기 위해 몇 번의 포장을 뜯었는지 모르겠다. 분명 내용물은 지구를 지키기 위한 미래의 먹을거리가 담겼지만, 이 제품을 마주하기까지 포장재를 뜯어내는 모습은 친환경과 거리가 멀어 보였다.

이러한 행태는 이곳뿐만이 아니다. 택배 박스만 친환경 시스템을 도입했을 뿐 실제 제품은 분리배출의 어려움을 겪는 곳이 많다. 이를 두고 착한 그린 마스크를 쓴 '그린 워싱'이란 표현도 나오고 있다. 그린 워싱은 실제로는 친환경적이지 않지만 마치 친환경적인 것처럼 홍보하는 '위장 환경주의'를 가리킨다. 환경보호를 주요한 소비 요소로 꼽는 사람들이 늘어나는 만큼 그린 워싱도 끊임없이 이어지고 있는 듯하다. 이 문제에 대해 인식하고 있을 때 신선식품을 다루는 온라인 플랫폼 담당자와 마주한 적이 있다. 완제품이 친환경적인 것도 중요하지만 이를 배송하는 시스템과 배송 박스를 어떻게 친환경화할 것인지에 대한 고민도 늘 안고 있다고 했다.

온라인에서 신선식품을 주문하면 배송이 완료될 때까지 신선도를 유지하기 위해 아이스팩이 포함되는데, 사실 치명적인 환경오염의 원인으로 꼽히는 것이 아이스팩이다. 우리나라 기준 한 해 아이스팩 사용은 3억 개가 넘는 것으로 추정된다. 아이스팩 원료에 미세플라스틱 성분이 들어가 있어 자연 분해에만 약 500년이 걸리는 것이 현실이다. 또 올바르게 분리배출을 하는 방법도, 장소도 존재하지 않는다. 이 문제가 화제가 되면서 신선식품 배송 플랫폼은 너도나도 배송용 포장재를 재활용이 가능한 소재로 변경하고 있다. 종이 포장재, 종이테이프를 활용하고 아이스팩의 경우에도 100% 워터 아이스팩으로 사용하고 있다. 또 스티로폼을 대체할 수 있는 콜드체인 박스를 도입하는 경우도 있다. 그러나 지금까지도 배송 과정에서 스티로폼이 보편적으로 쓰이고 있다. 가격 면에서도 저렴하고 보랭 효과가 뛰어나기 때문이다. 하지만 스티로폼 생산과정에서 온실가스를 2,600만 톤을 배출하고 쉽게 썩지 않는 위험이 존재한다.

한번은 식단 관리를 위해 유럽산 민물고기를 배송시킨 적이 있다. 포장재에는 '급속냉동'을 표기해 신선하게 유럽의 먹을거리를 제공하고 있음을 어필했다. 그 먼 곳에서 어떻게 갓 잡은 듯한 신선함을 맛볼 수 있을까 하는 물음이 머릿속에 맴돌았다. 신선식품을 산지에서 수확하고 최종 소비자까지 저장 및 운송되는 과정에서 적정 저온 온도를 유지하는 것이 관건이다. 이러한 신선도와 품질을 유지하는 시스템을 콜드체인이라 부른다. 또한 이 기술은 유통하는 시간을 더 많이 확보하여 시장 범위가 더 확대되는 장점이 있다. 이 시스템은 신선식품뿐만 아니라 온도관리가 필요한 의약품, 전자제품, 화훼류 등의 영역으로 확대되고 있다.

그러나 과거 수확 후 온도관리가 안 되어 변질되고 판매 불가했던 제품을 쉽게 먹을 수 있다는 편리함을 얻었지만 인위적으로 온도를 조정해야 하기 때문에 많은 전기에너지가 소요되는 문제점을 안게 되었다. 전기에너지를 생산하는 방식 중 대표적으로 화력발전을 빼놓을 수 없다. 폐기물을 화로에 태워 발생하는 연기로 펜이 달린 모터를 구동시켜 전기를 생산하는 것이다. 이러한 연소과정에서 유독가스, 이산화탄소가 발생한다. 정화 필터가 존재하더라도 대기 중에 많은 탄소배출의 원인이 된다. 포장재만 친환경을 띠고 있을 뿐 대부분 생산, 운반 과정에서 지구를 병들게 하고 있다.

2020년 12월, 영국을 시작으로 전 세계의 코로나19 바이러스를 잠재우는 열쇠로써 백신 접종이 시작되었다. 곧이어 우리나라에도 백신 물량이 공급되기 시작했는데 이때 모든 매체는 온도와 보관에 민감한 백신의 보관소부터 배송 등 운반되는 모든 과정을 생중계하기 시작했다. 한번은 뉴스 방송에서 마스크와 방호복을 입은 한 남자가 냉동 창고에서 뜨거운 물을 허공 위로 뿌리는 것을 보게 되었다. 뜨거운 물은 순식간에 차갑게 얼어 눈처럼 흩뿌려졌다. 경기도 평택시에 위치한 한국초저온의 초저온 냉동고에서 일어난 일이다. 이곳은 친환경적으로 설계된 국내 유일한 초저온 콜드체인 시설을 확보하고 LNG냉열을 활용한 −70도 이하의 냉동 창고가 운영되어 백신을 문제없이 관리하고 있다. 치열한 취재 열기 속에서 반복되어 나오는 말은 '신재생에너지'였다. 기존 전기냉각식 창고 대비 전기 요금을 70% 이하로 절감하고 신재생에너지인 LNG 냉열을 이용한 에너지 자립형 친환경 물류센터라는 것이다.

이곳의 창립자가 궁금해졌다. 평택, 인천, 부산 등에 한국초저온 회사를 소유하고 있는 곳은 EMP벨스타로 사무실은 강남 신사동에 있었다. 고층의 엘리베이터 문이 열리고 안내를 받아 따라 들어간 미팅룸엔 벽 없는 통유리창이 펼쳐져 있었다. 푸른 하늘과 맞닿아있는 이 공간에서 그들이 그리는 깨끗한 신재생에너지의 이야기가 더 궁금해졌다. 한국초저온은 대체투자 전문 운용사인 EMP벨스타가 투자·운영 플랫폼을 설립하여 운영하는 곳이다. 리더가 물류와 관련된 곳이 아닌 금융계에 있다는 것이 예상과 달랐다. EMP벨스타의 수장 다니엘 윤은 미국 육군사관학교에서 전역하고 골드만삭스에 입문했다고 한다. 모든 인생이 그렇듯 자신의 선택이 예상과는 달랐지만 한 가지 지키는 신념은 "사회에 진정 기여할 수 있는 일을 하자"임을 여러 인터뷰에서 밝힌 바 있다. 또 민간기업으로서 이익을 극대화하는 가장 좋은 방법은 사회에 이득이 되는 무엇인가를 창조하는 것이라고 했다.

EMP벨스타는 국내 최초로 LNG냉열을 물류센터의 냉각제로 이용하는 특화기술을 활용하고, 초저온을 포함한 5온도 대60℃ 이하 ~25℃ 정온를 구현할 수 있는 LNG 콜드체인 에너지 자립형 복합시설 한국초저온을 운영하고 있다. 기존의 화석연료에 기반한 전기식 냉동 장고와 다르게 신재생에너지인 LNG냉열을 쓰면서 이를 상업화시킨 것은 한국초저온이 국내 최초 사례이자 글로벌에서도 이례적인 일이다. 이들이 활용하는 LNG냉열 에너지는 새로운 발명이 아닌 기존 버려지던 에너지를 재활용한 사례다. 우리 사회는 화석에너지로부터 멀어지고 수소에너지의 패러다임 속에 속해 있다. 수소는 연소 후 물만 생성되는 청정 에너지원으로 꼽혀 탄소배출, 온실가스 저감효과가 매우 크다고 평가받아 자동차, 비행기, 산업용 연료 등 모든 분야의 응용을 거듭하고 있다. LNG는 액화천연가스를 말하는데 메탄이 주성분으로 천연가스를 대기압 -162℃에 액화시킨 것이다. 쉽게 말해 우리가 사용하는 도시가스의 원료로 친환경 에너지인 LNG에서 불순물을 제거한 후 극저온에서 액화시킨 무색무취의 청정한 액체다.

LNG는 냉열로 존재하는데 그동안 대부분의 LNG냉열은 기화 후 바다로 버려지고 있었다. 전문가들은 연간 바다에 버려지는 냉열의 양이 2,500만 톤 이상이라고 말한다. 한국초저온은 그렇게 버려지던 에너지를 다시 재사용한다. 초저온으로 갈수록 많은 양의 에너지가 필요하다. 기존 냉동기시스템은 -38℃로 최대 빙결정 생성시간이 55분 정도 걸린다. 하지만 LNG냉열은 냉동능력이 뛰어나다. 이를 이용할 경우 -70℃에서 급속 동결로 최대 빙결정 생성대 통과시간을 단축하여 약 6분 만에 식품 자체의 맛과 신선도를 유지하면서 해동 후 드립양까지 감소시키는 결과를 만들어낸다. 최적의 온도를 적정하게 유지하면서 입고, 보관, 가공, 배송까지 전 과정에 걸쳐 온도 유지에 대한 원스톱 콜드체인으로 통합 관리하고 있다. 이 모든 과정에서 문제가 되었던 탄소배출, 전기에너지 사용량 감소는 물론 먹을거리에 대한 안정성까지 포용한다.

LNG냉열 에너지 활용뿐만 아니라 기화 상태의 천연가스를 통한 수소 연료전지발전, 현재는 대중화된 물류창고 옥상을 활용한 친환경 태양광 발전, ESS 설비를 통해 에너지 효율적 친환경 물류 시설을 가능하게 했다. 한국초저온을 시작으로 재생에너지와 통합 시스템이 갖춰진 콜드체인이 자리 잡으면 기존 노후화된 일반 냉동냉장 시설들의 품질과 가치를 높이는데 기여할 수 있다고 전망한다. 재생에너지를 활용한 콜드체인 운영은 우리나라뿐만 아니라 개발도상국, 저소득 국가들에게도 희소식이다. 이들 국가는 농수산업이 활성화된 경우가 대부분인데 많은 양의 식품들을 생산하고 있지만, 음식물 보관의 문제로 버리는 것이 많다. 이들을 보관할 수 있는 대형 물류창고를 운영할 전력 부족은 물론 비용도 크기 때문이다. 한국초저온은 이 문제만 해결되어도 식량문제와 빈곤문제가 해결될 수 있다고 본다. 실제로 국내를 넘어서 개발도상국에도 진출하여 해당 국가 간 글로벌 사회 가치기여 측면으로 다가가 이 기술을 전달하기 위해 협의하고 있다.

한국초저온은 환경을 위한 것만 갖추고 있는 것이 아닌 그 안에 속한 사람들의 노동 환경도 중요하게 여긴다. 한때, 때아닌 폭염이 이어지고 한 물류센터의 노동자들이 에어컨 없는 물류창고에서 일하는 환경에 대해 1인 시위를 이어간 바 있다. 빠른 배송에만 목적을 두었던 시민들도 너도나도 물류센터 직원들의 현실에 대해 입을 모아 비판했다. 한국초저온은 부당한 환경이 아닌 올바른 일터가 되기 위해 물류센터를 이용하는 화물 운전자, 수작업으로 입·출고를 담당하는 노동자 등 모든 구성원들이 쉴 수 있는 휴게실, 사우나, 카페테리아가 존재한다. 숙식을 원하는 경우 저렴한 비용으로 기숙사 이용이 가능하다. 식당의 경우 현대식 인테리어로 꾸며놓았고 저렴한 식자재, 간단한 조리법으로 대량 조리된 음식들이 즐비하기보다는 다양한 입맛을 고려해 모두가 대접받고 있다는 느낌을 받게 한다.

사고 예방, 관리에 대해서도 체계적이다. 최첨단 통합 관제센터를 운영하고 있어 물류센터 내 각종 설비에 대한 모든 것을 통제하고 체크한다. LNG, 창고의 온도, 냉온수 사용량 관리 등을 통제하고 자동화 창고 관리, 차량 배송 관리, 인력을 포함한 차량 입·출입 통제, 각 시설 및 공간별 CCTV 통한 영상 관제 및 화재와 사고 예방을 위한 감시자 역할까지 모든 시설물의 안정적인 운영을 최우선으로 하고 있다. 노력으로 일군 작물, 수확물들이 재생에너지인 LNG냉열로 보관, 배송되어 탄소배출 감소와 식량문제를 해결하고 더 나아가 먹을거리를 즐기는 개인의 안전성까지 보장하는 한국초저온의 콜드체인 시스템은 배송 환경에 익숙한 일상 속에서 생각의 시야를 더 넓히는 계기가 되었다.

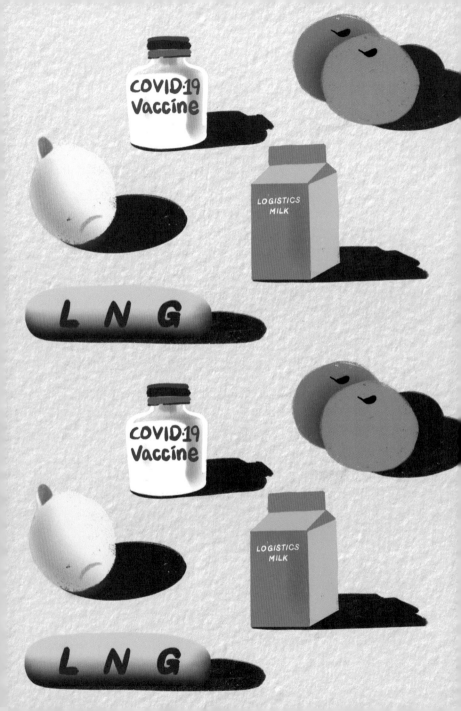

친환경 에너지 콜드체인 시스템 국내 첫 리더, 한국초저온

한국초저온은 EMP벨스타가 소유하고 있다. EMP벨스타는 1992년에 설립된 에너지·인프라 투자 전문 사모펀드인 EMP와 2005년 설립된 크레딧 전문 헤지펀드인 벨스타의 합병으로 탄생한 대체투자 전문 운용사이다. 현재 국내에서 최초로 LNG냉열을 이용한 LNG 콜드체인 에너지 자립형 복합시설의 투자·운영 플랫폼을 설립하여 운영하고 있다.

환경
Environment

대부분 냉장, 냉동시스템을 운영할 때 많은 양의 전기에너지가 소비된다. 그에 반면 한국초저온은 기존 LNG의 기화 과정에서 발생하여 바다로 폐기되던 냉열을 회수하여 콜드체인 물류시스템에 재활용하는 냉각기술을 사용하고 있다. -60℃의 초저온부터 10~25℃의 정온까지 5온도 대 보관시설을 지원한다. 폭넓은 온도로 인해 식자재, 바이오 의약품, 화장품, 혈액 등 다양한 고부가 제품의 보관이 가능하다. LNG냉열을 활용한 물류시스템은 일반

종래식의 기계형 냉동시스템 대비 약 70%의 전력 사용량 및 비용 절감 효과로 기존 냉동시스템 대비 에너지 효율을 높이고 있다. LNG냉열뿐만 아니라 수소연료전지발전, 태양광과 같은 친환경·신재생에너지를 적극 활용한다. 이로 인해 기존 화석연료가 우선시 되던 기존 시장에서 탈화석 에너지 대체를 몸소 보여주고 있다.

사회
Social

코로나19 바이러스로 인해 콜드체인의 필요성은 더 커졌다. 이때 친환경적이고 안정적인 콜드체인 시스템으로 국가 공중보전 발전에 기여하고 있다. 또한, 아시아 주요국가 베트남, 중국, 싱가포르 등들로부터 친환경 물류, 에너지 사업에 대한 협력을 제안받으며 초저온 플랫폼은 아시아 전반으로 확대해나가고 있다. 차세대 콜드체인 복합시설 운영으로 인해 단순 물류창고 대비 새로운 일자리 창출에도 기여할 수 있다. LNG 설비 전문 기술자, 신재생에너지 관리, 바이오 물류 담당자, 물류 자동화 설비 엔지니어 등 차세대 산업 전문 인력 양성이 가능할 것으로 보고 있다.

지배구조
Governance

　한국초저온의 투자자는 ESG를 중시하는 기업들이 주주로 구성
되어 있으며 투명한 정보공개, 지배구조를 유지하기 위해 항시 노
력하고 있다. 현재 ESG를 측정하는 프로세스는 국가별, 기관별로
다르다. 에너지 절감 부분에서도 측정이 표준화되기 어려운 부분
이 존재하는 것도 사실이다. 한국초저온은 다양한 ESG 측정 기준
에 맞춰 데이터를 쌓고 매뉴얼 안정 관리, 시설 친환경 관리에 대
해 모든 것을 리포팅하고 있다. 특히 ESG 부분만큼은 전체 오픈하
고 쌍방향으로 분석하고 공유하여 물류업계의 리더로 자리매김하
기 위해 노력 중이다.

생활용품
(당근마켓)

버릴 것이 없다고 믿고 살기

10

버릴 것이 없다고
믿고 살기

　친정집엔 5단의 입을 쩍 벌리고 있는 오동나무 서랍장이 있다.
아침이면 마른 수건을 잡은 엄마의 손이 집안 곳곳 먼지 앉은 곳을
훑어갔다. 그리고 창가 사이로 비추는 볕이 그 자리를 환히 밝혀
주던 모습은 늘 익숙했다. 친정집은 3층 오래된 빌라로 단단한 시
멘트가 정강이까지 올 정도로 긴 계단을 달고 있었다. 줄어들 생각
없는 그 큰 계단을 오르락내리락하는 부모님의 무릎은 신음을 연
신 내뱉었다. 그 모습이 항상 잔상에 남아 이사를 결심했다. 새집
벽면을 채운 붙박이장 모습에 가장 먼저 해결해야 할 것은 그 오동
나무 서랍장이었다.

　과거 아이가 태어나면 나무를 심었다고 한다. 여자아이가 태어
나면 오동나무를, 남자아이가 태어나면 소나무를 심는다. 딸이 출

가외인이 될 땐 그 오동나무를 베어 가구를 만들고 곧 혼수가 되었다. 새 생명의 삶과 제2의 인생을 이어가는 오동나무의 생명력은 시간이 갈수록 손때가 묻어 더 멋지게 변모한다. 가장 귀하게 여기던 오동나무 서랍장을 버려야 한다는 것 자체가 엄마에게는 미련으로 남았는지 이사 가는 날이 다가올 때마다 더 자주 닦았다. 그 커다란 입술 같은 손잡이를 셀 수 없이 열었다 닫았다 반복해도 하자 없이 관리가 잘 된 모습으로 아직 버려지기엔 생명력이 짙어 보였다.

미련을 놓기 위해 당근마켓을 이용해보기로 했다. 누군가에게는 꼭 쓸모 있게 쓰일 수 있다는 생각에 서둘러 앱을 열고 동네를 설정했다. 그리고 "무료 나눔! 우리 가족의 모든 계절의 옷들을 담아준 소중한 오동나무 옷장을 드립니다"라는 문구와 함께 온 가족이 힘을 합쳐 열심히 찍은 단단한 서랍장의 사진을 게시물로 올렸다. 글이 올라가자마자 연락이 오기 시작했다. 그리고 두 시간 뒤, 초인종 소리가 집을 깨웠다. 미소를 띤 아저씨 둘이었다. 아이의 방을 원목 가구로 꾸며주려고 결심했는데 마침 사이즈가 딱 걸맞다고 했다. 우리 가족 모두 우리의 일부였던 오동나무 서랍장에 대한 자랑을 늘어놓았다. 성인 남자 여러 명이 엉겨 붙어 오동나무 서랍장을 들고 집을 빠져나가는데 새로운 주인을 만난 모습이 외롭지 않아 보였다. 그리고 며칠 뒤, 아이 방에 오동나무가 자리 잡은 모습을 사진으로 전해 받았는데 원래 꼭 그 집에 있던 물건처럼 자연스럽게 버티고 서있었다.

　버려지는 일상용품들이 다시 생명력을 부여받는 당근마켓의 순기능은 우리 가족만의 이야기가 아니다. 당근마켓은 2021년 11월 기준, 월간 이용자 1,630만 명을 기록하고 가입자 수는 2,200만 명을 보유하고 있다. 2020년 한국 통계청이 발표한 전체 가구 수 2,092 가구를 기준으로 할 때 집집마다 모든 가구에서 1명 이상이 가입한 것과 같은 수치이다. 이 때문에 당근마켓은 사람들의 삶 속에서 이미 생활 밀착형 서비스의 대표 아이콘이자 문화로 자리매김했다는 평가를 받고 있다. 당근마켓은 매월 1,300만 건 이상의 나눔과 거래 게시 글이 올라오고 있다. 전문가에 의하면 대한민국 국민 31.5%가 한 달에 한 번 이상 당근마켓에서 중고거래를 하며 자원 재사용을 함께하고 있다. 2021년 한 해 전국 단위 온실가스 저감효과로 계산했을 때 약 732만 1,092톤에 달하는 온실가스를 줄인 수치이다. 이는 서울 남산 숲 식수 효과의 5만 3,000배에 달하는 효과로 폐기물처리가 골칫거리인 환경 문제를 해결하고 있다.

또한, 개인에게는 버려지는 자원을 다시 재활용하고 경제적, 물질적 이익을 얻음으로써 순환경제를 이루어 가는 모습이다. 시민의식이 점차 '기후위기, 환경보호에 동참하는 것이 곧 깨어있는 사람'으로 인식되면서 일명 '당근한다'는 지구를 지키기 위한 생활 트렌드로 문화로 자리 잡고 있다. 이 열풍은 국내 중고거래 시장의 성장을 주도하고 있다. 하나금융경영연구소에 따르면 국내 중고거래 시장 규모는 2020년 20조 원으로 성장했다. 10여 년 만에 5배가량 성장한 것으로 분석되어 중고거래 시장의 내일이 기대된다.

그들의 영역은 옷, 가구, 전자기기 등 생활용품을 벗어나 식료품까지 확대되었다. 지역 내 수십 개에 달하는 편의점은 매일 유통기한이 지난 식품들이 항상 넘쳐난다. 유통기한이 지난 먹거리는 판매 자체가 불가능하기 때문에 점주들에게는 늘 손실이자 부담이었다. 당근마켓은 GS리테일과 함께 '마감 할인판매' 서비스를 실시했다. GS25와 슈퍼마켓 GS더프레시의 오프라인 매장 내에 유통기한이 임박한 상품을 당근마켓을 통해 최대 60% 할인 판매하는 서비스다. 앱 이용자들의 경우 위치 정보를 바탕으로 주변 GS매장과 할인되는 상품을 확인하고 상품 결제 시 앱을 통해 전송된 QR코드를 매장 내에서 인증하면 구매절차가 완료된다. 유통기한

임박한 제품 외에도 점포 내 과재고 상품, 저회전 상품들도 마감할인판매 서비스에서 이용할 수 있어 재고 폐기의 문제점도 해결해 나가고 있다. 이는 매장에서 폐기되는 상품을 줄여 사회적 비용 감소와 합리적인 소비로 만족도가 높다.

이들의 순기능은 단순히 자원을 재사용하는 것 외에도 지역의 커뮤니티를 활성화한 데 있다. 당근마켓의 이웃 간 연결 수치를 보면 2021년 기준 1억 5,500만 번의 커뮤니케이션이 이루어졌다. 지역을 인증하면 해당 지역의 정보를 공유할 수 있는 시스템으로 취미 공유, 실종 소식, 지역 내 서비스 정보 알림, 분실물 등의 내용을 공유하며 이웃 간 소통이 없던 지역에 활력을 불어넣고 있다. 무엇보다 코로나19가 장기화되면서 지역 내 소상공인들의 어려움도 커졌다. 홍보, 광고하는 것은 더 부담이 따르는데 당근마켓을 통하면 기타 채널 대비 비용을 낮추면서 주민들 대상 손쉽게 가게를 노출할 수 있다.

어느 날부터 '슬세권'이라는 말이 생겨났다. 편안한 슬리퍼 복장으로 편의시설을 이용하는 주거 권역을 뜻한다. 이 슬세권을 중심으로 커뮤니티를 형성하며 그 안에서 상호작용이 일어나는 것을 두고 하이퍼로컬 서비스라고 칭하는데, 주민 간의 건강한 소통을 이끄는 당근마켓은 우리 동네 생활권의 심폐소생 역할을 했다고 해도 과언이 아니다.

슬세권의 순환경제 주도자, 당근마켓

누군가에게는 폐기물이 될 제품을 커뮤니티를 통해 가치를 부여하고 비용을 지불해 거래하며 경제적 이윤도 남기는 중고시장 플랫폼이다. 동네, 단지 등 좁은 지역을 대상으로 서비스하는 하이퍼로컬을 지향하는 기업이다.

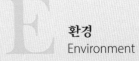

E 환경
Environment

1990년대 말 IMF 위기에 국민 모두가 다 같이 참여한 '아나바다 운동'이 있다. 아껴 쓰고 나눠 쓰고 바꿔 쓰고 다시 쓰고를 줄인 말로 불필요한 소비를 줄이자는 의미를 담고 있다. 당시 나에게는 쓸모없는 물건이지만 아직 생명력이 있다고 생각되면 장터를 열어 이웃에게 싼값에 팔거나 교환하는 행사가 성행했다. 당근마켓은 잊혀가던 아나바다 운동과 비슷하지만 활동의 제약이 있는 코로나 팬데믹 시대, 오프라인보다 온라인이 익숙한 모바일 시대 속에서 적절히 균형을 유지하며 자원 재사용과 이웃 간 연결의 가치를 실현하고 있다.

중고거래는 순환경제의 중요한 축이다. 주민 스스로가 쓰레기를 낳지 않고 자원 순환운동이 일어나도록 행동함으로써 생활 속 제로웨이스트 실현에 일조하고 있다. 그들은 한 달 동안 중고거래 건수를 온실가스 정보로 환산해 사용자들에게 공유하여 일상 속 환경보호를 위한 행동이 어렵지 않다는 메시지를 전달한다. 이를 통해 시민의식 고취를 문화로 굳혀가고 있다.

사회
Social

'나 당근 해!'는 이웃 간의 소통과 거리를 두는 게 현대사회라는 인식을 깨주기 시작했다. 당근마켓 앱에 접속하면 동네생활 카테고리가 있다. 동네질문, 동네맛집, 해주세요, 동네소식, 분실 · 실종센터 서비스 등을 운영하고 있는데 각종 정보를 얻을 수 있다. 플랫폼을 통해 단지 자원 재사용이 아닌 사람 간의 연결의 가치를 확인할 수 있는 대목이다. 다양한 서비스는 공감을 부르고 이웃 간의 긍정적인 경험을 제공하여 하이퍼로컬 서비스를 제공하고 있다.

지배구조
Governance

수평적 조직 문화로 직급 체계가 존재하지 않는다. 다만 회사의 대표, 직군별 리더, 프로젝트 리더 등의 직책이 존재하는데 리더가 방향과 비전을 제시하면 나머지 멤버들이 스스로 성과를 낼 수 있게 서포터 역할을 하는 등 조직의 건강함을 추구한다. 또한, 기업 내 모든 정보를 공개 소통하는 구조를 갖춰 언제나 열려있는 협업 체계를 갖춰나가고 있다. 이러한 기업 문화는 건강한 대화를 지속하게 해주어 조직원들 간의 신뢰를 높여준다고 평가된다.

KARROT MARKET

우유팩
(유익 컴퍼니)

우유팩도 다시 보기

11

우유팩도
다시 보기

홀로 진취적으로 무언가를 하는 것에 대해 두려움이 막연하게 들던 시절이 있었다. 스무 살 성인이라는 이름표를 얻고 자유만이 부여될 줄 알았던 것은 착각이었다. 더없이 자유로웠던 대학 시절, 흘러가는 시간이 당연한 듯 살아가던 중 방송 생활을 경험해보지 않겠냐는 담당 교수님의 제안을 받았다. 모든 일은 재미있을 것이라는 단순한 생각으로 방송에 입문했다. 하지만 자유만을 쫓던 내게 질서 있는 직장인의 삶은 끊임없이 인생의 방지턱을 만나게 했다.

20대 초반은 학교와 일터밖에 몰랐다. 해외 어학연수를 떠나 더 넓은 세계를 경험하는 것은 나와는 어울리지 않는 누군가의 이야기로만 들릴 뿐이었다. 그렇게 스무 살 중반쯤, 새로운 생각을 하고 아이디어가 닿지 않는 미지의 세계의 내용도 척척 끌어내는 선

배들을 볼 때마다 부러웠다. 그들의 아이디어 원천은 스스로 새로운 곳에 찾아가 경험으로 얻은 에피소드에 있었다. 그러고 보니 홀로 어딘가를 떠나고자 계획하거나 경험하려고 한 적이 없었던 것 같다. 불규칙한 방송 생활도 한몫했지만, 갑작스러운 프로그램 종영으로 갑자기 갈 곳을 잃는 순간이 두려워 끊임없이 일을 찾았다. 그랬던 내가 떠나기로 했다.

당시 국내 여행지를 소개하는 코너를 담당했었는데 경험이 없었던 탓에 다른 사람의 글로 대리 경험하고, 현지 사람들과의 유선 통화를 통해 얻은 지식으로 프로그램을 구성했다. 그래서 스스로 부족함을 느끼지 않았을까 하는 마음으로 국내 여행을 결심했다. 당시 코레일에서 '내일로'라는 열차를 운행했다. 만 29세 이하 청년이라면 5만 원이 안 되는 가격으로 일주일간 열차를 마음껏 이용할 수 있었다. 당장 열차 이용권을 구매한 뒤 국내 지도를 펼치고 코스를 짜기 시작했다. 전라도를 거쳐 경상도를 마지막으로 5일간의 이동 거리, 맛집, 역사적인 공간을 체크해 나만의 지도를 만들었다. 30L 배낭에 갈아입을 옷과 순간을 기록할 카메라, 메모장 등을 담아 열차에 올라탔다.

당시 여행에서 가장 의미 있는 곳은 순천이었다. 문학도를 꿈꾸며 가장 닮고 싶은 사람은 「무진기행」을 쓴 소설가 김승옥이었다. 소설 속에선 안개가 늘 머무는 무진을 '이승에 한이 있어서 매일 밤 찾아오는 여귀가 내뿜는 입김과 같다'고 표현했다. 감수성의 혁명이라 불리던 그의 글은 나의 학창 시절을 가장 흥분하게 만들었다. 특히 무진기행의 모티브를 순천만에서 얻었다는 기억이 있어 내게 국내 여행지로 꼭 거쳐야 할 곳은 단연 순천이었다. 기대에 부풀어 순천역에서 내리니 또래의 여행객들이 정류장에 줄지어 섰다. 순천만으로 향하는 버스 안은 발 디딜 틈이 없어 앉는 것은 사치였고 여행객들과 어깨를 부딪치며 버스가 정차하기만을 기다렸다. "순천만입니다. 내리세요"라는 기사님의 말에 우루루 사람들이 쏟아지듯 내렸다. 입장권을 받고 드디어 순천만으로 걸어 들어갔다. 소설가 김승옥의 감수성을 뒤흔들었던 순천만이 너무 궁금했다. 나의 발길은 그의 문학관으로 향했고 주변을 감싼 거대한 습지가 눈에 들어왔다. 눈앞에 펼쳐진 풍경을 보고 그가 쏟아낸 문장들을 다시 한번 되새김하면서 과연 그는 어떤 생각을 했을지 질문이 꼬리에 꼬리를 물며 순천만에 흡수되어갔다.

문학관을 나와 순천만을 내려다볼 수 있는 전망대로 향했다. 잘

정비된 데크를 따라 걸었다. 유네스코 세계유산에 지정된 세계 최고의 연안 습지 순천만은 이름에 걸맞게 웅장함을 내보였다. 긴 평야에 따라오는 바람결에 울창한 갈대의 머리가 누웠고 나를 자연스레 용산 전망대까지 오를 수 있도록 등을 밀어주었다. 40분 정도 오르막을 오를 때 해는 점차 땅에 닿을 듯 지고 있었다. 굴곡진 순천만 위로 붉은 노을이 누웠다. 순천만이 붉은 황금빛으로 물드는 순간이다. 가슴이 답답할 때 눈을 감고 그때를 떠올리면 시원한 감정마저 들 정도로 여운이 길다. 그 이후로 매년 국내 여행길에 나설 때면 순천만은 필수코스가 되었다.

훌륭한 자연경관 외에도 순천이 많은 사람들의 관심의 대상이 된 일도 있었다. 순천시는 2014년 쓰레기를 연료화하는 녹색 성장 사업의 리더가 되고자 쓰레기 처리 시설인 자원순환센터를 추진한 바 있다. 모두의 관심을 모은 프로젝트이지만 2018년 운영사의 적자 운영, 쓰레기를 수거하고 운반하는 과정에서 미흡한 관리로 인해 4년 만에 운영 중단이라는 최악의 시나리오를 남겼다. 이어 화재까지 이어지면서 자원순환센터의 큰 그림이 무너졌고 쓰레기 대란이라는 불명예를 안았다. 국가 정원이란 타이틀을 안고 있는 순천만이 쓰레기 문제로 골치를 앓고 있다는 상황이 어울리지 않았다. 또 젊은이들 사이에서 다른 지역이 핫한 관광지로 떠오르면서 순천이 많은 사람들에게 잊히는 것 같아 아쉬웠다.

순천의 해가 저무는 것일까 아쉬움만 느껴질 때 반가운 소식을 들었다. 고대 동서양을 연결하는 비단길인 실크로드를 빗대어 순천에 '밀크로드'라는 새로운 프로젝트를 통해 건강을 되찾고 있단 소식이었다. 이후 우유팩을 자원화하는 일을 자진하고 있다는 '유익한 상점'을 알게 되었고, 그들의 활동들을 찾아볼수록 서둘러 만나보고 싶었다. 미팅을 잡고 설레는 마음으로 전라도로 향했다. 몇 해 만에 다시 찾은 순천은 특유의 조용함을 여전히 안고 있었다. 알려준 주소지로 향하자 오랜 기와지붕을 얹은 유익한 상점이 보였다.

그곳에서 밀크로드 프로젝트의 선두주자인 양진아 대표를 만났다. 순천이 고향이었던 그녀는 서울에서 국제개발 NGO 활동가로 지내왔다. 가족사로 인해 다시 고향으로 되돌아오게 되었는데 유년시절이 젖어있는 순천을 성인이 되어 다시 보니 '대한민국 생태수도'라는 별칭이 거대하게 걸려있었다고 한다. 이곳에서 무엇을 다시 시작할 수 있을까 고민하던 중 생태수도에 걸맞은 환경을 위한 일을 막연히 하고 싶었다고 한다. 힌트가 된 것은 독일 출장 때 명품숍 못지않게 화려하게 눈길을 끌었던 공정무역 편집숍이었다. 요즘 서울에는 흔한 풍경이지만 순천에도 그런 작은 편집숍을 만들고 싶었다고 했다. 그래서 자연스레 지역의 공정무역, 업사이클링에 좋은 제품을 찾아내기 위한 여정을 시작했고 점차 공간은 확장되었다. 그게 유익한 상점이다. 초기에는 숍인숍 매장 안에 또 다른 매장을 만들어 상품을 판매하는 새로운 매장 형태 개념으로 좋은 취지의 제품들을 발굴해 알리기 시작했다. 그러던 중 제품만 팔 게 아니라 모두가 참여하는 생태 프로그램을 고민하게 되었다.

당시 순천의 쓰레기 자원순환센터가 문제가 되면서 수거되는 쓰레기를 둘러봤을 때 양 대표 눈에 들어온 것은 우유팩이었다. 그녀의 말에 따르면 우리나라는 캔, 병의 수거율은 약 80%에 달하지만 유유팩의 경우는 27% 미만으로 버려지고 있다. 또 우유팩은 30년 이상의 최고급 침엽수 버진 펄프 한 번도 사용되지 않은 천연 펄프로 제작되어 고급 화장지를 만드는 원료라고 한다. 침엽수 버진 펄프는 조직이 촘촘하고 질겨서 먼지가 적고 흡수성이 좋다. 우유팩은 우리가 마시는 식품을 담는 용기이기 때문에 화학성분 없는 무표백 소재로 제작되어 재활용이 더 쉽다. 그녀가 건넨 밀크로드 프로젝트 팸플릿에서 강조하고 있는 것은 우유팩 1L 36개 혹은 우유팩 200mL 200개는 곧 종이팩 1kg에 달하는데 이는 두루마리 화장지50m 단위, 두 겹 기준 3개를 생산할 수 있다는 것이다. 1t의 우유팩이 수거되면 나무 20그루를 보존하는 효과가 있고 이산화탄소량을 6.6kg 줄일 수 있다고도 했다. 나무를 훼손하지 않고도 휴지의 원료를 낳는 것이다.

우유팩의 가치를 알고 모으는 일은 순천의 터를 잡고 있는 이웃들로부터 시작되었다. 종이팩을 수거하는 순천시의 업사이클링센터의 미지근한 반응에 직접 수소문하여 제지회사인 부림제지와 연결되었고 2019년 3월부터 우유팩 천 개를 모으는 것을 목표로 했다. 우유팩을 자원화하는 방법은 그다지 어렵지 않다. 내용물을 비우고 깨끗이 헹군 후 우유팩을 펼쳐서 건조하고, 이물질이 섞이거나 오염되지 않도록 보관하는 것이다. 이 방법으로 우유팩을 수거해서 오는 분들은 SNS를 통해 인증하게 했고, 그렇게 모인 우유팩이 어디로 가는지 확인할 수 있게 행방을 SNS에 투명하게 공유했다. 생각보다 사람들의 참여도와 호응은 폭발적이었다. 이웃들의 입소문으로 각 개인이 우유팩을 모아 찾아오기 시작했다. 그리고 우유를 많이 사용하는 카페, 디저트 가게, 초등학교까지 참여자의 폭이 넓어졌다. 우유팩을 모으는데 1천 개는 다가갈 수 없는 숫자 같았지만 6개월 만에 달성했다.

첫해의 데이터를 가지고 전라남도 공모 사업에 지원하게 되었는데 그때 받은 예산으로 참여한 사람들에겐 밀크로드 배지를, 자영업자들에게는 공간에 걸 수 있는 밀크로드 간판을 선물했다. 책임감에 대한 임명장이 주어지듯 이를 받은 사람들은 더 열심히 참여했다. 2019년에 시작한 이 프로젝트는 2020년에 순천 34개 팀, 구례 6개 팀, 여수 3개 팀, 서울·경기 2개 팀으로 파트너가 45팀으로 늘어났고, 개인은 30명이 추가로 참여했다. 그리고 2021년 종이팩은 6만 개가 수거되었다. 이들의 강력한 행보는 '함께'라는 의미가 더해져 확대될 수 있던 것으로 보인다. 모인 우유팩 수량이 많아진 만큼 택배로 포장해 부림제지로 보내는 과정에 더 많은 시간이 필요해졌다. 우유팩을 받은 제지회사는 자원을 통해 두루마리 휴지, 키친타올 등을 생산해 일부를 유익한 상점에 보내온다. 이는 꼭 참여자들에게 직접 전달했다. 조금 더 움직이고 모았을 뿐인데 새로운 자원으로 탄생된 휴지를 바라보는 참여자들의 미소가 늘어난 노동력의 힘듦을 씻겨준다고 한다.

그녀는 우유를 마시지 못하는 사람들도 참여할 기회는 많다고 말한다. 음료수, 두유, 주류를 담은 테트라팩도 종이 포장팩으로 유리와 플라스틱을 대체하는 친환경 소재로 알려져 있다. 어떤 것이든 안에 있던 내용물을 잘 씻어내고 펼쳐서 말리기만 하면 되는 것이다. 밀크로드 프로젝트는 순천을 벗어나 전국으로 확대되고 있다. 우유팩을 많이 낳는 카페를 보유한 대기업에서도 협업을 제안하고 있다. 소도시의 작은 상점과 대기업의 그린라이프 협업은 지역 시장의 활력을 불어넣고 있다. 이 가치 있는 행보에 진정성을 더하기 위해 〈UIK〉이라는 매거진을 발행 중이다. '지속가능한 라이프스타일 매거진'이라는 슬로건을 가진 이 매거진은 순천을 포함한 전국의 숨겨진 환경을 위한 행동가와 기업들을 소개하고 밀크로드의 활동들을 계속해서 기록해나가고 있다.

순천역사길 옆, 현대 건물 사이로 이 빠진 듯 낮은 한옥이 존재한다. 오래된 양장점을 개조한 곳으로 큰 창을 더해 속이 훤히 들여다보이는 쇼윈도가 있다. 버려질 뻔한 오래된 가옥이 새 생명을 얻은 듯 이곳에서는 몇 해째 사람들이 우유팩을 가져와 모으고 새로운 자원을 탄생시킨다. 또 쇼윈도 안에는 공정무역으로 탄생한 지구를 살리는 제품들이 진열되어 있다. 작은 목소리로 시작한 이

곳은 곧 더 크게 확장하여 새 단장을 할 예정이다. 그녀는 밀크로드 프로젝트를 통해 지구를 위해 행동하는 사람들이 더 많아지기를 희망하며 오늘도 마켓을 열고 있다.

인터뷰를 마치고 서울로 돌아가는 길, 순천은 가랑비에 젖고 있었다. 순천은 더 이상 쓰레기 문제로 병을 앓는 곳이 아니었다. 오히려 밀크로드를 거니는 사람들 덕에 깨끗하게 씻겨 반짝이며 윤이 나고 있었다. 집으로 돌아와 식물성 음료를 탈탈 털어 그래놀라를 섞어 먹었다. 빈 테트라팩을 자연스럽게 물에 헹구고 절단선에 맞춰 잘랐다. 흐르는 물에 내용물을 씻어내고 마당에 테이블을 펼쳐 말리기 시작했다. 바짝 마른 종이팩이 더 하얗게 빛나는 듯 보였다. 밀크로드로 다가가는 첫걸음이었다.

나무를 베지 않고 휴지를 낳는, 유익 컴퍼니

2019년 3월을 시작으로 개인, 업체 등에 종이팩의 가치를 알리고 올바르게 자원화하는 방법을 제안했다. 직접 수거의 거점이 되어 이를 모으고 제지회사에 전달해 친환경 화장지로 되살림이 가능하도록 여러 활동을 하고 있다.

환경
Environment

우리나라에서는 캔, 유리병과 비교해 우유팩 수거가 저조하다. 그러나 해외에서 수입하는 우유팩은 80%에 이를 정도로 멈추지 않고 계속해서 증가하고 있다. 우유팩은 종이팩으로 최고급 침엽수 버진 펄프로 제작되는데, 이를 올바른 방법으로 재활용하면 나무를 훼손하지 않고도 휴지를 만들 수 있다. 유익 컴퍼니는 우유팩 1,000mL 기준으로 2019년에는 약 1만 개, 2020년도에는 약 3만 개를 모아 자원화하였다. 이 외에도 1t의 종이팩을 수거해 나무 20그루를 보존하고 탄소배출을 줄였다.

S 사회
Social

밀크로드 프로젝트를 통해 우유팩을 모으는 일을 먼저 홍보하고 모아 정리해 수거량을 측정한다. 이후 부림제지로 발송해 휴지로 생산한다. 모인 우유팩이 휴지로 만들어지는 과정은 SNS에 투명하게 공개하고 있다. 참여자들에게는 밀크로드 배지를, 파트너 가게들의 경우는 밀크로드 간판을 제공해 꾸준히 파트너십을 이어갈 수 있는 의미를 부여한다. 또 코로나19 바이러스로 인해 많은 일상이 제한된 가운데, 온·오프라인으로 우유팩을 수거하는 방법들을 전파하고 있다. 온라인으로는 우유팩을 자원화할 수 있는 올바른 배출법에 대한 콘텐츠를 제작해 알리고, 오프라인에서는 신청자에 한해서 '찾아가는 우유팩 수거 시스템'으로 밀크로드 차가 돌며 우유팩 분리배출과 거리가 멀었던 사람들의 마음을 돌려 잡고 있다.

지배구조
Governance

대표자를 중심으로 수직적 구조가 아닌 홍보, 수거, 배송, 안내 등 각 포지션에 파트너 전문가가 있어 수평적 구조로 운영하고 있다. 또한, 재무적인 상황에 대해서는 정보를 투명하게 공유하는 것을 원칙으로 한다. 모든 기업활동에 있어서 친환경, 사회적 기업으로서 책임을 다할 수 있도록 모두가 협의하여 결정하고 행동하는 것을 지켜나가고 있다.

Re:bottle
Maker

주방용품
(리:보틀 에디션)

리사이클링 주방 제품 갖기

이제 지구는 봄에 트렌치코트를 즐길 수 있는 시간으로 딱 10일을 준다. 짧아진 봄에 아우터를 걸치기도 무색하게 더위가 기승을 부린다. 유행가가 6주간의 인기몰이를 하던 일화는 옛날 이야기가 되었다. 요즘 유행가는 2주를 이어가면 대박이라 칭한다. 생기를 꽃 피우는 봄도 유행가처럼 생명주기가 줄어들고 있다. 그 계절을 느낄 때면 딱 5월로 환절기에 따른 새로운 패션, 뷰티 등 F/W 시즌의 트렌드를 미리 읽게 된다. 한 해의 시작을 물들이고 S/S 시즌 트렌드를 주름잡던 제품들은 세일이라는 이름표가 붙으며 주인을 기다리거나 폐기처분을 앞두고 있다. 이처럼 계절이 짧아지고 트렌드가 빠르게 변하면서 패션 아이템의 수는 점점 쌓여가고 있다.

사실 패션산업의 환경 문제는 늘 지적되고 있는 부분이다. 소비하는 사람도 많고 생산하는 사람도 넘쳐난다. 이 때문에 패션산업에서 지속가능성의 문제가 제기되어왔고, 곧 환경과 사회문제를 해결하기 위해 지속가능한 가치 실현에 대한 고민과 행동을 시작했다. 클래식한 패션 무드 사이 유니크하고 유니섹스 스타일이 더 주목받고 있듯이 미래로 나아가는 이 패션산업은 기술적인 면이나 고갈되는 자원에 대해 미래 맞춤형으로 변모해나가고 있다. 한 예로 글로벌 패션 브랜드 H&M은 폐기처분되는 헌 옷을 새로운 패션 아이템으로 바꾸는 리사이클링 시스템인 '루프ₗₒₒₚ'를 스웨덴에서 선보였다. 스톡홀름에 위치한 H&M 드로트닝가탄 매장에 컨테이너 크기의 기계가 작동되는데, 기계음에 맞춰 오래된 의류가 새롭게 재활용되는 과정을 모두에게 공유했다. 새로운 자원 혹은 사용되지 않은 자원에 대한 의존도를 줄이기 위한 노력으로 보인다. H&M은 2030년까지 전 제품에 재활용 혹은 지속가능한 방식으로 만들어진 소재를 사용하는 것을 목표로 하고 있으며 2019년에는 목표의 57%를 달성했다. 이들의 방향은 버려지던 오래된 의류의 가치를 다시금 일깨우고 있다.

온 지구는 미래의 에너지와 지속가능한 소재를 찾기 위해 열정적으로 나서는 중이다. 본래의 첫 기능을 잃어서 버려질 뻔한 것들이 생명력 있게 다시 탄생하는 것은 미래의 자원에 대한 또 다른 시각을 깨웠다. 버려지는 소재를 통해 또 다른 새로운 작품으로 멋지게 탄생시키는 예술가도 있다. 바로 공예작가 박선민 씨다. 그녀는 생활 속에서 일회성으로 배출되는 각종 주류, 음료, 소스 등이 담겼던 병을 색과 크기에 따라 분류하고, 깨끗하게 씻은 뒤 라벨을 제거한다. 작품을 위해 선택된 것들은 날카로운 이빨을 드러낸 다이아몬드 휠 커팅기가 내는 굉음 사이로 가까이 가져가 원하는 부분을 잘라낸다. 잘려나간 면은 평판기 위에서 다듬어 낸다. 매끄럽게 다듬어진 면 위로 휠 조각기, 벨트 사포를 사용해 절단면의 안쪽과 바깥쪽의 날카로운 모서리를 다듬는 과정을 거친다. 샌드블라스터 기계가 모래 가루를 뿜어낼 때 그 사이 매끈한 표면을 갈아낸다. 투명한 유리병이 무광의 질감을 갖게 되는 순간이다. 광을 내야 할 때는 양모펠트 광택기로 광을 낸다. 그리고 단면이 모두 다듬어지면 이후의 형태를 덧붙여 새로운 오브제 혹은 주방의 일원이 되어 재탄생된다.

그녀는 2014년, 공예용 유리를 선택하는 게 당연했던 것에서 벗어나 새로운 시작을 세상에 알렸다. 보통의 산업에서 자재 값이 오르듯 공예용 유리도 마찬가지다. 희소성이 더 짙어지고 가격은 치솟았다. 끊임없이 창작을 이어나가야 하는 과정에서는 비용적 부담도 만만치 않았다. 새로운 자재를 생산해내는 것은 현실적으로 힘들고 환경규제에 따라 특정 컬러의 유리 생산이 제한되는 규정도 생겼다. 그녀는 바로 내일이 아닌 더 먼 내일까지 건너가 생각했다고 한다. 새로운 것을 선택할 수 없는 상황에 놓여있을 때 자신이 창작할 수 있는 것은 무엇일까 고민했고, 그 답은 폐기되는 생활 유리병이었다. 유리 특성상 녹여서 다시 사용할 수 있기 때문에 다른 소재에 비해 재사용이 가능하다. 그녀는 유리에 대해 기존 형태에서 열을 가해 녹여 사용할 수 있다는 점과 다양한 기법을 통해 모양을 변화시키고 절단면을 가공해 또 다른 표면을 낳을 수 있는 다양성을 장점으로 꼽았다. 2014년의 첫 기획전시에서는 유리병의 형태를 분할하고 분할된 면들을 다시 재조합해서 새로운 형태로 만들어 익숙하지만 어디서도 볼 수 없던 '리보틀'을 완성했다. 그때부터 지금까지 유리 용기 업사이클링 프로젝트를 이어오고 있다.

12월의 어느 날, 하늘은 뿌연 먼지를 머금고 있다가 풍선처럼 한순간 터지듯 초미세먼지 경보가 치솟았다. 그녀에게 전달받은 주소지로 서울을 지나 경기도 외곽으로 향했다. 남이천이라는 표

지판이 반겨주듯 길을 안내했고 잠시 올려다보니 미세먼지가 물러 간 자리로 푸른 하늘에 구름 몇 점만 걸려있었다. 너른 들판을 낀 작은 골목길을 지나자 그녀의 작업실이 나타났다. 붉은 불씨를 품은 난로가 공간의 온기를 감싸고 있는 작업실에 들어갔다. 유리로 만든 컵, 화병, 접시 등이 가지런히 정리되어 있었다. 서로 안부를 주고받은 뒤 그녀는 그동안 진행했던 리보틀 프로젝트에 대해 말해주었다.

리보틀 프로젝트의 시작은 주류회사인 제주맥주와 한라산소주에서 빈병을 지원받아 작품으로 탄생시킨 것이다. 그녀는 조용히 갈색빛이 도는 맥주병을 꺼냈다. 그리고 그 옆으로 둥근 몸에 홀쭉한 입을 쭉 내민 화병과 부채처럼 입을 활짝 연 낮은 컵을 올려두었다. 작품이 너무 예뻐 사진으로 담기 위해 카메라 렌즈에 초점을 맞춰갈 때쯤 그녀는 미소를 지으며 "이 맥주병이 이렇게 탄생한 거예요"라고 말했다. 정말 자세히 보니 색도 소재도 똑 닮아있었다. 이어 감탄사가 나온 작품은 투명한 소주병을 이용한 작품이었다. 소주병의 엉덩이 부분은 컵이 되고 상반신은 금속을 결합하여 소리를 내는 종이 되었다.

그녀의 작품에는 공통점이 있다. 폐기될 유리를 소재로 사용해 재활용하였다고 하면 촌스럽다거나 재활용한 사실을 단번에 알 수 있다고 생각할 수 있지만 전혀 그렇지 않다는 것이다. 또 그녀가 지금까지 추구하는 것은 작품을 마주한 사람들에게 업사이클링 제품임을 말하지 않고 다른 공예작품과 똑같은 컨디션에서 평가받도록 하는 것이다. 그렇게 같은 선상에서 감상하고 나서 재생 소재를 사용했다고 알리는 것을 고집하고 있다. 그녀의 손이 가리킨 작은 화병을 들어 빛 사이로 비춰보니 부채꼴 모양의 패턴들이 자연스럽게 보였다. 우리가 흔히 마시는 비타민 음료가 작은 화병으로 탄생한 것이다. 화병은 디자인뿐만 아니라 기능, 지속가능성을 모두 담고 있었다. 이외에도 그녀의 손에서는 다양한 재창작이 이루어지고 있었다. 그중 'Re: Aatique series_Mini, Flat, Mug'라는 이름의 컵 3종 세트는 한국공예디자인문화진흥원KCDF에서 '2019 공예디자인 스타 상품'에 선정되기도 했다.

기능을 잃은 것은 곧 가치가 없는 것이 아니라는 걸 그녀의 트렌디한 작품을 통해 대중들의 삶에 들여놓고 있다. 그녀는 자원으로써 다시 수거하여 재사용되는 시스템이 잘 갖춰있는 국내 기업들의 병들은 배제하고 대부분 폐기처분되는 수입 유리병을 선택해서 쓰고 있다. 코로나19 바이러스는 주류문화도 바꾸었다. 바로 혼술 문화이다. 한 잔을 먹더라도 분위기 있게 먹는 것이 중요해지면서 혼술 문화 속 와인 시장이 뜨기 시작했다. 문화에 따라 가로수길에 위치한 와인바와 협업을 통해 고객들이 먹고 간 빈병을 재활용해 굿즈를 만들어 제작해 전시 및 판매를 하고 있다. 또 플라스틱 용기로 문제를 겪고 있는 화장품 업계에서의 러브콜도 끊임없이 이어지고 있다. 그녀와 함께 재사용이 가능한 유리를 활용하여 굿즈를 제작하기도 했다. 기업 혹은 업체의 입장에서는 매일 쏟아지듯 나오는 병들을 처리하는 것이 큰일 중 하나다. 반대로 그녀에겐 버려지는 병들을 일일이 수거하는 데 어려움이 있으니 필요요소가 딱 들어맞는 서로 윈윈하는 만남이다. 그 속에서 시대가 원하는 디자인에 맞춰 탄생시켜 대중들에게 리사이클링에 대해 거부감 없이 삶 속에 흡수시키고 있다.

물론 여전히 재활용에 대한 부정적인 시각은 존재한다. 버려졌다는 것에 대한 편견 때문일 것이다. 하지만 그녀와 함께 소통하려는 개인도 존재한다. 그녀의 작품을 여러 점 소장하고 있다는 이로부터 특별한 의뢰를 받은 적이 있다고 한다. 가족이 함께 기념일에 마신 와인병을 들고 왔고, 그날의 추억을 기억하기 위해 새로운 형태로 만들어달라는 의뢰를 받은 것이다. 새로운 작업을 통해 얻는 것도 있겠지만, 그녀는 무엇보다 자신이 하는 활동에 대한 가치를 알아봐 주는 이가 있어 소중한 에피소드였다고 했다.

사실 그녀의 리보틀 프로젝트는 지구를 지키기 위한 환경 운동으로 시작된 것은 아니다. 공예작가로서 가장 최후의 경우를 생각했고 그때 발견한 것이 곧 재사용이 가능한 유리병이었다. 결과적으로 기존의 형태를 활용하여 그 형태를 만드는 에너지를 절감시켰고, 서큘러 이코노미가 완성되었다. 그 과정에서 예술적인 작품뿐만 아니라 대중들에게 다가갈 수 있는 상업적 제품도 끊임없이 작업하고 있다. 미래를 살아가야 할 우리가 당연히 고민해야 하는 문제를 생각하고 행동으로 옮겨 이어가는 이 과정이 더 자연스럽게 친환경을 추구하고 사회적인 변화를 만들고 있다는 생각이 들었다.

지금까지 그녀의 손을 거쳐간 유리병은 한 해에 약 500병 이상에 달한다. 약 몇천 개의 유리병들이 새롭게 탄생한 것이다. 앞으로 그녀의 고민은 홀로 감당하고 있는 이 업사이클링의 과정을 좀 더 체계화해 확대해 가는 것이다. 새로운 것, 더 편안한 것이 요구되는 사회에서 더불어 지속가능한 것은 모두의 과제가 되고 있다. 단지 첫 시작이 시대보다 빨랐을 뿐, 앞으로 그녀의 동행자들이 더 늘어날 것이라는 확신이 들었다.

따끈한 온돌 위 온기를 느끼면서 광이 없는 초록 잔에 차를 담아 마셔본다. 손끝으로 그 부드러운 무광 표면을 어루만져 보고 손끝에 닿는 돌기를 자세히 들여다봤다. 손끝에서 매만져지는 것은 다름 아닌 기존의 병의 흔적이었다. 누군가의 고단한 하루를 위로했을 밤의 술병이 하루를 시작하는 내게 아침의 찻잔이 되었다. 그녀가 만드는 수선하는 삶이 일상을 따뜻하게 만드는 순간이었다.

새로운 쓰임과 가치를 담은 테이블웨어, 리:보틀 에디션

버려지는 폐기 유리병을 모아 예술적 가치를 담은 오브제를 완성하거나 생활용품으로 탈바꿈 작업을 하는 공예작가 박선민의 프로젝트이다.

환경
Environment

자원낭비, 일회용품 사용은 곧 환경오염의 원인이 된다. 이를 멈추게 하는 생활 속 일원으로 제로웨이스트 열풍이 불고 있다. 박선민 작가의 리보틀 프로젝트를 통해 제작된 작품은 물론 일반 테이블웨어에도 리사이클링 보틀을 선보이고 있다. 이는 곧 예술이 접목된 제로웨이스트를 하는 것이다. 유리 소재는 열을 가하면 다양한 형태로 계속해서 재생산이 가능한 장점을 갖고 있다. 누군가의 목을 축이던 음료가 비워진 병은 쓸모없는 것으로 치부되었지만 그녀에게는 가치 있는 것으로서 멋진 업사이클링 작품으로 재탄생되고 있다.

일회성으로 사용되고 버려진 폐기 유리병을 재활용해 컵, 그릇, 화병으로 변모한다. 폐유리병이지만 기존 공예작품들과 견주어봤을 때 어색함이 없다. 매년 그녀의 손을 거치는 유리병은 약 500병이 넘는다. 폐자재를 활용하여 창작물을 만들어낼 수 있다는 뜻에는 변함이 없다. 그녀는 이 리사이클링 소재에 대한 확장성을 계속해서 확대해 나갈 계획이다.

사회
Social

사실 모든 유리병이 다 재활용이 되진 않는다. 국내 브랜드 주류병의 경우 수거해서 재사용하는 경우가 다수다. 하지만 수입브랜드 병들은 그대로 폐기된다. 또한 서로 다른 팽창계수의 유리는 함께 녹여서 사용할 수 없다. 이러한 문제점이 있는 수입 유리병 폐기물에 집중하여 다양한 작품을 탄생시키고 있다. 그녀의 활동영역도 다양하다. 대표적으로 예술적인 오브제로 탄생한 리보틀 작품을 전시하여 전시회에 참여한 이들로부터 많은 영감을 주고 있다. 대중들의 삶에서 재활용된 소재가 가치 있게 쓰일 수 있고 기능적인 면도 부족하지 않다는 것을 어필하기 위해 생활 속 테이블 웨어로도 생산하고 있으며 다양한 온·오프라인 플랫폼과 협력하여 손쉽게 닿을 수 있는 곳에서 활동하고 있다.

G 지배구조
Governance

폐유리병에 대한 고민을 안고 있는 곳이 많다. 서울 신사동의 한 와인바에서 한 주간 폐기되는 와인병만 해도 그 숫자가 어마어마하다. 폐기물로 고민을 안고 있는 곳에 그녀의 프로젝트는 해결사가 되어주고 있다. 파트너십을 맺은 와인바에서 받은 와인병으로 새로운 잔을 탄생시킨다. 와인병의 작은 입술은 컵의 손잡이로 재탄생하기도 한다. 폐기물을 만든 데 죄책감을 안고 있는 소비자에게도 가치 소비를 경험할 수 있는 터를 마련한다. 이러한 협업 과정은 와인바에만 그치지 않는다. 제주시의 로컬 주류 업체와 함께 폐기된 병에 생명력을 불어넣고, 이 외에도 많은 친환경 브랜드들에서 협업제안을 받고 있다. 새로운 것을 늘리기보다 이미 존재하는 것을 공예작품으로 탄생시키는 그녀의 행동이 환경을 위해 변화가 필요한 어떤 기업에는 풀리지 않는 숙제였을 터이다. 그들과 함께 공유할 수 있는 선순환 프로젝트의 리더로서 끊임없이 이어가고 있다.

Re:bottle
Maker

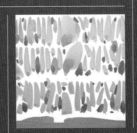

일상 속 탄소배출
(SK)

Net, Zero(탄소중립) 실천하기

13

Net, Zero(탄소중립)
실천하기

흰 선이 가지런히 수평을 이루고 있는 횡단보도를 멀뚱히 내려다 보니 그 끝으로 아지랑이처럼 아스팔트의 열기가 피어오르고 있었다. 밖으로 나선 지 10분도 안 되어 온몸이 땀으로 젖는 여름이었다. 습한 공기가 휘젓고 더운 공기가 억누르는 속에 마스크를 쓰고 서둘러 헤엄치듯 걸었다. 이 고온다습한 찜통더위는 열돔 현상이다. 상공을 덮고 있는 고기압이 이동하지 않고 한 곳에 자리잡은 채 지표면에 열을 가두기 때문에 나타나는 현상이다. 손바닥을 펼쳐 뜨거운 볕으로부터 그늘막을 만들었다가 또 움직이며 팔부채를 해도 이 더위는 떠날 생각이 없었다. 큰 건물이 받치고 있는 화면에는 캐나다와 미국의 기온이 54도 이상으로 치솟고 있다는 폭염 소식을 전했다. 지금 내가 느끼는 더위에 만족해야 하나 싶다가도 폭염이란 글자가 다시 나를 사우나에 가둬둔 것처럼 더

위에 찌들게 했다. 주머니 속에서 뜨거워진 휴대폰을 꺼내 시간별 온도 변화를 체크했다. 시간별 온도는 점점 증가하는 모양을 그렸고 밤사이 열대야가 기다리고 있음을 암시했다. 더위 속에서 사람들의 얼굴은 짜증으로 익어갔다.

건물마다 하나씩 있는 카페는 모두 만석이었다. 카페를 빠져나오는 사람들에겐 얼음을 가득 채운 아이스 음료가 들려 나왔다. 다음 목적지까지 가기 위해 걷기를 선택했다가 곧바로 버스 정류장으로 향했다. 버스 도착을 알리는 전광판도 더위에 녹아들 듯 느리게 숫자가 바뀌었고, 버스가 정류장을 훑고 지나갈 때마다 뜨거운 매연 공기가 몸을 스쳐 지나갔다. 기다렸던 460번 버스가 가까이 다가오자 타야 하는 버스임에도 뜨거움이 느껴져 뒷걸음치게 된다. 곧이어 기계음과 함께 문이 열리고 실내에서 새어 나오는 에어컨 바람에 홀리듯 올라탔다. 교통카드를 찍고 자리를 잡고 앉았다. 창밖을 멍하니 내다보는 동안 여전히 바닥에서는 더위가 피어오르고 있었다. 더위가 식을 때쯤 목적지를 알리는 안내음이 나를 깨웠다. 그리고 작은 공간을 운영하는 지인의 가게에 들렀다. 팔 부채질을 끊임없이 하는 나를 보더니 에어컨 리모컨을 들고 연이어 온도를 내려주었다. 드디어 사막에서 오아시스를 만난 것처럼 희망적인 순간이었다. 일회용 잔에 담겨있던 몇 개 안 남은 얼음을 아작아작 씹었다. 싱그러운 초록 잎사귀가 만개하는 여름은 더 이상 환영받는 존재가 아닌 찜통더위의 지옥이나 다름없다. 최근 몇 년 사이 봄과 가을은 스쳐 지나가는 인연이 되었다. 사계절 중 가장 독한 추위를 안겨주는 겨울과 떨어지지 않는 온도를 가진 여름만 이 남아있을 뿐이다.

이 이야기는 개인 에피소드가 아닌 누구나 흔히 겪는 일상 속 이야기다. 그리고 우리가 기후위기 속에 살고 있다는 것을 대변하고 있다. 1992년 국제사회는 기후위기의 진행과 기후위기가 가져올 심각성을 인식하고 유엔기후협약을 채택했다. 이 기후위기의 원인을 온실가스와 탄소의 배출로 꼽고 있다. 산업화 당시 280ppm의 대기 중 이산화탄소의 기록이 무색하게 기후위기의 심각성을 인식했지만 2021년 8월 417ppm으로 50%나 늘어났다. 흔한 여름날의 하루를 다시 되돌아보니 나는 이미 탄소배출에 익숙해져 있었다. 전기에너지를 사용하는 에어컨 과다 사용, 석유를 이용한 자동차 사용, 플라스틱을 배출하는 일회용 컵 사용 등 1시간이 안 되는 시간 동안에도 끊임없이 지구의 온도를 높이고 있었다.

우리가 생존하기 위해서 선택이 아닌 필수가 된 것은 바로 탄소중립Carbon Net-Zero이다. 탄소중립은 2015년 제21차 기후변화당사국총회에서 인위적인 온실가스 배출과 흡수원에 따른 제거가 균형을 이룰 수 있도록 하기 위함으로 산업화 이전 시기 대비 현저히 낮은 수준으로 지구의 온도가 높아지지 않도록 노력하기로 했다파리협정 제4조 1항. 전문가들은 지구의 온도가 1.5도 상승하면 북극 여름 바다의 해빙이 녹는 현상이 100년에 한 번, 2도가 상승할 경우는 10년에 한 번꼴로 발생한다고 예고했다. 사실 우리가 살아남기 위해서는 1.5~2도의 온도 상승 문제가 아니라 자연스럽게 탄소배출량이 0이 되는 넷 제로를 필수로 이뤄가야 한다. 탄소중립을 뜻하는 넷 제로는 인간 활동에 따른 탄소배출량을 최대한 줄이는 데 있다. 배출하는 탄소량만큼 다시 흡수하여 실질 배출량이 0이 되도록 하는 것이다. 2021년 10월 문재인 대통령도 국회 예산안 시정연설에서 최초로 탄소중립을 선언하였고, '2050 탄소중립위원회'가 출범되는 등 이제는 우리에게 넷 제로는 숙명이 되었다.

2020년 에너지, 바이오, 반도체, 건축, 디지털, 식품, 교육 등 대한민국 경제 전반에 자리 잡은 SK도 적극적으로 기업의 넷 제로를 선언하였다. 이는 곧 기업의 존속을 위한 행동이었다고 말한다. 그들은 ESG가 시장의 이슈가 되기 때문에 따르는 것이 아니라, 이미 2014년부터 기업의 지속가능성을 경제적 가치에만 두지 않고 고객의 가치, 사회적 가치를 고려하여 사회가 요구하는 것을 따랐을 때 기업이 생존할 수 있다고 믿어왔다. 이러한 노력과 함께 쌓아온 시간이 사회구성원들로부터 견고한 지지를 받으면서 국내 ESG의 리더를 꼽을 때 SK를 언급할 수밖에 없다고 보인다. 그들은 단순히 착한 기업으로 변모하기 위해 겉모습만 만들지 않고 기업의 존속성, 지속가능성을 염두에 두고 사업을 실행했기 때문에 그 진정성은 더 컸다.

개인의 일상에서 SK와 밀접성은 꽤 크다. 그들이 탄소중립을 위해 노력하고 있는 것들을 살펴보았다. 사실 그들의 사업 중 정유, 화학 중심 사업구조는 그린 기업과 거리가 멀어 보인다. 하지만 2025년까지 그린 사업의 비중을 70% 이상 늘릴 것으로 발표하면서 그린 기업으로써 적극적인 행보를 보이고 있다. 전국경제인연합회가 발표한 'K 기업 ESG 백서'에 따르면 SK그룹의 탄소중립 시점은 SK와 SK실트론, SK네트웍스는 2040년, SK텔레콤은 2050년까지로 내다보고 있다. 더 이상 정유, 석유에만 집중된 사업이 아닌 신재생에너지에 집중하면서 '도시 유전' 건설 계획을 세상에 알렸다. 폐플라스틱을 재활용하여 에너지를 만들고 탄소 포집 기술을 SK이노베이션 울산 Complex 내 주요 이산화탄소 발생 공정에 적용할 계획이다. 이 사업은 한국석유공사에도 영향을 끼쳐 2025년부터 동해가스전을 활용해 이산화탄소를 저장하는 CSS 사업이 확대될 예정이다. 여전히 주 에너지인 석유의 공급을 끊을 수 없지만 이를 대체하기 위한 재생에너지, 에너지 전환을 위한 다양한 사업 시도는 에너지 고갈을 내다보는 미래의 망으로 보인다.

또한, SK가스의 경우에도 울산수소복합단지를 통해서 2025년부터 본격적인 탈산소 사업을 전개할 것을 발표했다. 기존 저탄소 사업으로 꼽히는 LPG, LNG 사업은 물론 수소 도입, 생산, 저장, 운반, 수요까지 아우르는 수소 경제의 인프라를 구축하고 있다. '화학은 곧 환경오염이다'라는 인식이 어색하게 SK케미칼은 2021년 10월 세계 최초로 화학적 방식으로 플라스틱을 재활용한 제품 CR-PET을 양산하기 시작했다. 이는 페트병 사용이 많은 생수 업체와 시제품 개발에 성공해 자원 순환 생태계에 새로운 성과를 증명하고 있다. 스타벅스 코리아와도 협력하여 일회용 컵 없는 매장을 선언해 다회용 컵으로만 음료를 제공하여 일회용 컵 사용대비 탄소 감축 효과가 나타남을 선보였다.

보이는 것만이 아닌 현실이라는 것을 반영하듯 SK건설은 사명까지 SK에코플랜트로 바꿨다. 2021년 약 6개의 폐기물 소각 기업을 인수해 기존 탄소배출의 중심지가 아닌 친환경 신기술을 도입해 폐기물처리 시장의 고도화를 추진한다고 밝혔다. 또 해상풍력 터빈 하부구조물 제작기업의 경영권을 확보하면서 친환경 재생에너지원으로 꼽히는 해상풍력 발전시장에도 발을 뻗으며 기존 사회 전반적으로 뿌리박혀있는 탄소배출 에너지원으로부터 벗어나기 위해 힘쓰고 있다. 소개한 것 외에도 SK가 속한 다양한 사업에서는 지구와 개인, 기업의 지속가능성을 위한 넷 제로를 향한 사업은 다양하다. 넷 제로를 향한 여정이 흔들리지 않기 위해서 매년 경제적 가치창출은 물론 사회적, 환경적 가치를 지표로 기록해 내부에서도 지속적으로 평가하고 공시하고 있다.

기존 에너지원에서 재생에너지로 탈바꿈하는 것은 기업에 큰 부담이자 비용이다. 하지만 높은 비용 때문에 이를 모른 척하기에는 지구의 생존은 한계에 달했고 우리도 그 위기에 봉착했다. 생활이자 곧 사회 전반적으로 답습되고 있던 탄소배출에서 벗어나려는 사업의 다각화는 반가운 뉴스다. 또한 건강한 지구를 위해 무공해로 움직이는 자동차, 버려지는 플라스틱이 없는 음료 시장 등은 과거였으면 뜬구름 잡는 이야기로 떠돌았겠지만, 그들이 현재 몸소 보여주고 있기 때문에 그 가능성을 실현할 SK의 내일이 더 궁금해 진다.

탄소배출이 당연했던 일상을 탈바꿈 한, SK

SK는 SK이노베이션 및 SK에너지, SK종합화학, SK루브리컨츠, SK인천석유화학, SK아이테크놀로지 등 우리 생활 전반에 손 뻗어 있는 기업이다. SK는 자사뿐만 아니라 거래하고 있는 모든 비즈니스 파트너에게 ESG 정책을 시행할 수 있도록 유도하고 있다. 생산 활동, 사업시설 및 공급업체, 서비스 제공자, 계약 업체, 실사, 유통, 물류, 인수 및 합병 모든 비즈니스 과정에서 환경에 미칠 영향을 생각하며 환경 보존을 위해 모범을 보이고 있다. 또한, 모든 이해자의 행복추구를 위해 경영활동 과정에서 인권 침해가 발생하지 않도록 인권 보호 원칙을 엄격히 준수한다. 이처럼 전사적 차원에서 ESG 경영의 추진 방향을 설정하고 지속가능성을 강화하기 위해 노력하며 대내외적으로 ESG 선도기업으로 도약하기 위한 활동들을 시장 안에서 리더십 있게 선보이고 있다.

환경
Environment

SK는 넷 제로 달성을 추진하고 있다. 자회사 역시 기간은 달라도 사업에 맞게 넷 제로 대열에 합류했다. 화학, 바이오, 첨단소재, 그린, 디지털 등의 핵심사업 영역을 중심으로 성장함을 목표로 하고 효율만이 아닌 신소재, 신재생에너지를 도입하여 사업 포트폴리오를 재편하고 있다. 예를 들어 에너지 사업에서는 기존의 정유에서 벗어나 수소로 전환해 수소 경제를 선도할 것을 예고하고, 리사이클링의 경우 타기업의 단순 재활용이 아닌 폐기물처리 기술과 이산화탄소 포집 기술을 내포한 사업으로 확장하고 있다. 생활 전반에 녹아있는 다양한 사업을 추구하는 기업으로서 탄소배출을 억제하고 대체재를 찾는 사업 활동은 개인의 그린라이프를 완성하는데도 크게 기여할 것으로 보인다.

사회
Social

그들의 사회적 활동은 크게 보면 협력업체, 지역 사회, 취약계층에게 일자리 및 경제적 지원을 하며 상생을 유도한다. 협력업체의 경우 친환경 기술 보유 스타트업을 발굴하고 지원하며 ESG 생태계를 실현하기 위해 앞장서고 있다.

장기적으로 문제가 되는 고용창출의 경우, 3년간 총 2만 7,000명 규모의 청년 일자리 창출 계획을 발표했다. 연간 6천 명 수준의 기존 채용계획보다 약 50% 늘린 규모이다. 청년들에게 전문직업인 교육을 지원하는 SK 뉴스쿨, 사회문제 해결을 위해 비즈니스 모델을 개발하는 SK 청년 소셜이노베이터 루키, 청년 장애인 자립을 위해 교육을 지원하는 SK SIAT 등 소외되는 청년 없이 미래를 준비하기 위한 지원을 이어나가고 있다.

탄소절감과 건강에 대한 철학은 임직원들도 포함된다. 예를 들어 SK텔레콤 사내카페 '해피해빗'에서는 다회용 컵을 통해 음료를 제공하고 회수하여 일회용품 사용량을 철저하게 줄였다. 또한, 환경을 위한 미래 먹거리로 대체육을 개발하여 사내 식당에서 그린 식단으로 제공하는 등 모두가 환경보호의 일원임을 느끼게 하는 활동을 다각화하고 있다.

G 지배구조
Governance

2022년부터 SK는 지주회사 단위별 헤더를 부회장 전문경영인 체제로 전환한다. 각 이사회가 중심이 되어 조직개편, 임원 인사를 주도적으로 결정할 계획이다. 이사회 중심의 경영을 통해 건강한 지배구조를 위해 끊임없이 시도하는 중이다.

'필(必)환경'이 요구되는 시대에 전 세계적 경영 트렌드로 ESG 굳히기에 나섰다. 투자자와 일반 기업들이 ESG 옷을 입기 위해 고군분투하는 이 과정은 중장기적으로 투자의 패러다임을 바꾸고 있다. 우리가 속한 환경과 경영에 있어서 윤리적인 것을 추구하는 ESG는 환경Environment, 사회Social, 지배구조Governance로 나뉜다. 이 열풍은 녹색 바람이 운용업계의 메가 트렌드로 자리하는 것은 물론 주 소비층인 MZ세대가 가치 소비에 중점을 두면서 더 가속화되었고, 이 시대에서는 벗어날 수 없는 영역이 된 것 같다.

기업뿐만 아니라 우리들 역시 갑자기 쏟아지는 가랑비에 젖지 않기 위해 우산을 찾아 바삐 헤매는 것이 아닌 개인의 삶 속에서 자연스럽게 준비하고 있었다. 프롤로그에서 언급한 것처럼 시간 기부자 캠페인을 통해 내 삶의 개인 ESG는 물론, 타인의 마음을 움직이고 행동하게 할 정도로 우리는 모두 준비되어 있었다. 그중 내가 이 시대의 ESG 리더를 만나 그들의 이야기를 텍스트로 풀어내는 동안 이미지화하여 그림으로 풀어낸 숨은 능력자가 있다. 바로 익선다다의 박지현 대표다. 그녀 역시 다가올 환경 문제를 고민하고 있었고, 버려지고 남겨진 것에 다시금 가치를 입히기 위해 행동하고 있었다.

여전히 서울에는 슬럼화된 공간이 곳곳에 숨어있다. 서울 사대문 안 유일하게 남아있는 한옥 거리인 익선동도 마찬가지였다. 지금의 익선동은 핫플레이스로 꼽히지만 과거의 익선동은 개발된다는 말만 허공에 떠돌 뿐 사람의 발길이 닿지 않아 한옥의 뿌리만 남겨진 채 폐허처럼 생명력을 잃어갔다. 그 당시 익선다다의 박지현 대표는 익선동을 'BACK TO ANALOG'란 슬로건과 'NEW ANALOG'라는 방향으로 익선동에 터를 잡았다. 먹거리, 볼거리,

들을 거리, 느낄 거리의 4가지 카테고리를 가지고 잠든 건물을 깨우기 시작했다. 24개의 숍이 완성되었고 모든 매장에는 반드시 스토리를 담았다. 이 공간의 재해석은 젊은이들에게 촌스러움으로 치부되는 것이 아닌 그들의 신선한 놀이터로 여겨지며 끊임없이 찾는 곳이 되었다.

익선다다의 행보는 멈추지 않고 계속되었다. 일제 강점기 본래 호수였던 대전의 소제호는 1927년 솔라산을 깎아 메워졌고, 이곳에 일본 철도 관계자들의 관사촌이 자리 잡기 시작했다. 이후 철도 건설 사업이 잠식하면서 빈집이 증가하는 등 점차 슬럼화가 진행되었다. 결국, 이곳 소제동은 대전광역시에도 미해결 과제이자 뽑을 수 없는 충치 같은 존재였다. 익선다다는 마을이 지닌 역사적, 문화적 가치와 기능을 고려해 공간을 재해석해나갔다. 소상공인, 낙농업자들과 협력하여 선순환 구조로 지역 경제의 활기도 이끌었다. 카페, 이탈리안 음식점, 베이커리 카페 등에선 단순히 식료료만 제공하는 것이 아닌 모든 공간에는 콘텐츠와 스토리를 담고자 고집했다. 이는 죽은 거리에 생명력을 불어넣는 도시 재생사업으로 평가받아 전국 단위 관광 자원 상권을 형성하는 프로젝트를 맡아 진행하고 있다.

익선다다는 생활 폐기물을 줄이고 없애는 제로웨이스트에서 더 나아가 버려진 공간의 가치를 발견하고 새로운 시선으로 재해석한다. 역사적 가치와 문화적 의미를 더한 콘텐츠가 담긴 공간에 들어가는 공간 디자인과 가구에서도 오래된 것들에 지속가능성을 부여하고 있다. 그들은 역사적, 시간적 의미를 담고 있지만 방치되거나 버려져야 하는 것에 새로운 스토리로 옷을 입힌다. 기억되고 다시 찾을 수 있게끔 공간마다 콘텐츠를 부여해 많은 사람들을 재생된 거리, 공간으로 불러 모은다. 사람의 발길이 끊어진 그늘진 곳에 볕이 들 듯, 그들은 지자체가 풀지 못한 지역 경제 활성화의 문제점을 직접 해결해 나가고 있었다. 이 과정도 투자 등급을 높게 받기 위한 일반적인 기업들의 ESG 평가 기준을 제거하고 자세히 들여다보면 본래 ESG가 추구하는 뜻을 담고 있다.

소비를 멈출 수는 없다. 하지만 이 과정에서 윤리적인 경영을 바탕으로 친환경, 사회공헌을 고려해 소비를 한다면 곧 가치 있고 의미가 있을 것이다. 나아가 그런 소비는 모두의 바람이자 목표가 되었다. 이 책을 통해서 이 목표의 리더가 단순히 큰 기업만이 아닌 소수의 도전, 곧 개인의 삶에서도 충분히 변화의 중심이 되고 있다는 것을 알리고 싶었다. 우리는 흔히 환경보호에 있어서 "나 하나쯤이야"라는 말로 넘기지 말자고 경고한다. 단순히 개인이 만든 힘은 실로 큰 바람을 몰고 오고 있다는 것을 이 책을 완성한 모두가 입 모아 말하고 있다. 시작은 어느 한 지구인의 반성문이었지만 이를 통해 당신의 삶에서 잘못만 인정하는 후회에 그치는 것이 아닌 새로운 도전장들만 남길 바란다.

참
고
문
헌

- 국제학술지 사이언스(Science). 2018. 〈생산자와 소비자를 통한 식품의 환경 영향 감소 연구〉.
- 영국의학저널(BMJ). 2020.09. 〈영국 옥스퍼드대학교, 런던보건 대학원 공동연구 "식물성 위주의 건강식, 온실가스 배출 가장 낮다"〉.

3. 화장품(톤28)

- UNEP. 2015. 〈Plastic in Cosmetics: Are We Polluting the Environment Through Our Personal Care?〉.
- 뷰티경제. 2013.6.17. 이혜복. 〈화장품, 알고 보면 탄소 제조기?〉.
- 환경 오염(Environmental Pollution) 저널. 2021. 〈Phthalates and attributable mortality: A population-based longitudinal cohort study and cost analysis, "55~64세 남녀 5,000여 명 소변 샘플로 분석한 프탈레이트 피해 조사〉.

5. 가축분뇨(우천)

- 한국농촌경제연구원. 2014. 지인배, 허덕, 이용건. 〈제17회 농업 전망, 가축분뇨 처리비용과 한돈 산업〉.
- 환경운동연합 바다위원회. 2016. 〈울산과 부산 사이의 해양투기 해역 동해정 투기현황 및 오염실태 조사보고서〉.

6. 의류(파타고니아)

- 뉴스트리코리아. 2021.09.29. 나명진. 〈헌옷도 자원이 된다...'의 류폐기물' 줄이는 방법들〉.

7. 맥주 · 식혜 부산물(리하베스트)

- 서울환경연합. 2021. 홍수열. 〈대담한 쓰레기 대담-식품 손실과 음식물쓰레기〉.

9. 전기에너지(한국초저온)

- 가스신문. 2011.09.22. 윤상국. 〈LNG냉열, 질소 예냉식보다 동 력량 75% 절감〉.

10. 생활용품(당근마켓)

- 뉴시스. 2020.09.21. 이예슬. 〈당근마켓, 중고거래 했더니…온실
  가스 19만t 감소〉.

- 당근마켓 '팀문화' 설명 홈페이지
  https://team.daangn.com/culture/

- 스포츠서울. 2020.12.31. 김민규. 〈당근마켓, 올해 1.2억 연결 이
  뤘다…'지역생활문화' 아이콘으로 자리매김〉.

11. 우유팩(유익 컴퍼니)

- 산림과학원. 2015. 〈서울시 재활용품 분리배출 길라잡이〉.

12. 주방용품(리:보틀 에디션)

- 보그코리아. 2021.05.28. 송보라. 〈AI 태깅 기술로 분석한 2021
  F/W 패션 트렌드 1 – 아이템 순위&무드〉.

- H&M 리사이클링 시스템 '루프' 설명 홈페이지
  https://www2.hm.com/ko_kr/life/culture/inside-h-m/meet-the-
  machine-turning-old-into-new.html

지구인의 반성문

초판 1쇄 발행 2022년 6월 30일
초판 3쇄 발행 2022년 9월 30일

글 · 그림 강이슬 · 박지현
발행인 채종준

출판총괄 박능원
책임편집 김채은
디자인 홍은표
마케팅 문선영 · 전예리
전자책 정담자리
국제업무 채보라

브랜드 이담북스
주소 경기도 파주시 회동길 230 (문발동)
문의 ksibook13@kstudy.com

발행처 한국학술정보(주)
출판신고 2003년 9월 25일 제406-2003-000012호

ISBN 979-11-6801-495-4 03300

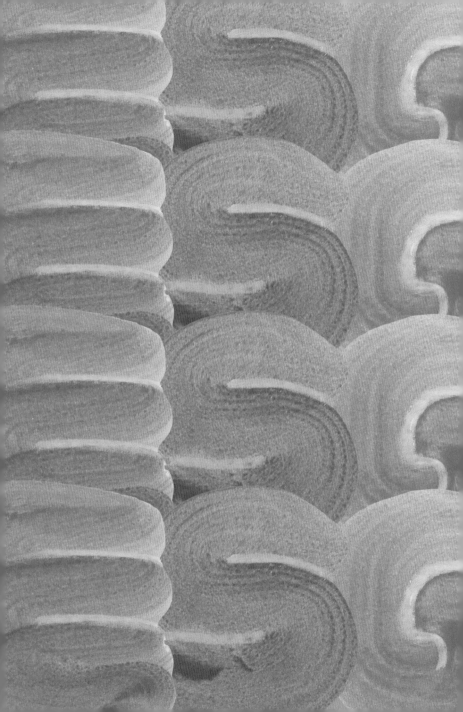